Les mammifères

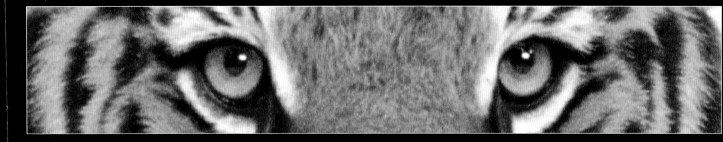

Un livre Dorling Kindersley
www.dk.com

Pour l'édition originale

Auteurs Jen Green et David Burnie
Édition Belinda Weber et Clare Lister
Responsable éditoriale Linda Esposito
Directeurs éditoriaux Andrew Macintyre,
Caroline Buckingham
Conseiller Kim Bryan

Cartographie Simon Mumford
Iconographe Carolyn Clerkin
Iconothèque Sarah Mills, Rose Horridge, Karl Stange, Kate Ledwith

Pour l'édition française

Responsable éditorial Thomas Dartige
Suivi éditorial Éric Pierrat

Réalisation Bruno Porlier Packaging editorial
Traduction Bruno Porlier, Véronique Dreyfus et Hélène Piantone
Édition Bruno Porlier

Couverture Raymond Stoffel et Aubin Leray

5757, RUE CYPIHOT
SAINT-LAURENT (QUÉBEC)
H4S 1R3

www.erpi.com/documentaire

Dépôt légal: 1er trimestre 2006
Bibliothèque nationale du Québec
Bibliothèque nationale du Canada

ISBN 2-7613-1942-7
K 19427

Imprimé en Chine
Édition vendue exclusivement au Canada

Les mammifères

par Jen Green
et David Burnie

LES THÉMATIQUES DE
l'encyclopédi@

Google

SOMMAIRE

Une collection qui s'ouvre sur Internet

ERPI et Google™ ont créé un site Internet dédié au livre «Les thématiques de l'encyclopedi@ – Les mammifères». Pour chaque sujet, vous trouverez dans le livre des informations claires, synthétiques et structurées mais aussi un mot clé à saisir dans le site. Une sélection de liens Internet vous sera alors proposée.

http://www.encyclopedia.erpi.com

 **1** Saisissez cette adresse...

Adresse : http://www.encyclopedia.erpi.com

2 Choisissez un mot clé dans le livre...

Monotrème

3 Saisissez le mot clé...

monotrème

Vous ne pouvez utiliser que les mots clés du livre pour faire une recherche dans notre site.

Allez sur Internet l'esprit tranquille :

- Demandez toujours la permission à un adulte avant de vous connecter au réseau Internet.
- Ne donnez jamais d'informations sur vous.
- Ne donnez jamais rendez-vous à une personne rencontrée sur Internet.

- Si un site vous demande de vous inscrire avec votre nom et votre adresse e-mail, demandez d'abord la permission à un adulte.
- Ne répondez jamais aux messages d'un inconnu et parlez-en à un adulte.

Parents : ERPI met à jour régulièrement les liens sélectionnés ; leur contenu peut cependant changer. ERPI ne peut être tenu pour responsable que du contenu de son propre site. Nous recommandons que les enfants utilisent Internet en présence d'un adulte, ne fréquentent pas les forums de clavardage et utilisent un ordinateur équipé d'un filtre pour éviter les sites non recommandables.

 Cliquez sur le lien choisi...

 Téléchargez des images fantastiques...

Images | Mammifères

Lions

Regardez vivre des échidnés.

Les liens incluent des animations 3D, des vidéos, des bandes sonores, des visites virtuelles, des quiz interactifs, des bases de données, des chronologies et des reportages en temps réel.

Ces images sont libres de droits mais elles sont réservées à un usage personnel et non commercial.

Reportez-vous au livre pour un nouveau mot clé.

LE MONDE DES MAMMIFÈRES

Parce que l'homme en fait lui-même partie, la classe des mammifères regroupe les animaux qui lui sont biologiquement le plus proches. Des grands singes à l'oryctérope, des cerfs aux dauphins, pourtant, la diversité de leurs formes, de leurs tailles et de leurs modes de vie est étonnante. Leur rôle écologique est immense. Par la prédation, les espèces carnivores limitent le nombre des herbivores qui, sinon, dépouilleraient les milieux naturels de leur couverture végétale. Les herbivores, pour leur part, contribuent à disperser les graines des végétaux, et leurs excréments fertilisent le sol. Les mammifères sont également essentiels pour l'homme qui, depuis son apparition, en a fait usage à de multiples fins à travers la chasse, la domestication et l'élevage.

@ Mammifère

Les oreilles présentent une grande surface d'échange grâce à laquelle l'éléphant évacue sa chaleur en excès.

LE RECORD SUR TERRE ▶

Le plus gros animal terrestre est un mammifère : c'est l'éléphant de savane d'Afrique. Un grand mâle peut peser près de 10 t et atteindre 4 m de hauteur au garrot. Viennent ensuite les autres espèces d'éléphant, puis le rhinocéros. À l'autre extrémité de l'échelle des tailles, une chauve-souris, la kitti à nez de porc, avec un poids de seulement 2 g et une envergure de 15 cm, détient le record du plus petit mammifère du monde. Quelques espèces de musaraignes, atteignant seulement 4,5 cm de longueur (sans la queue), la talonnent de près.

LA DÉCOUVERTE DE NOUVELLES ESPÈCES

On trouve des mammifères à peu près partout sur notre planète : sur terre, dans les airs, dans les eaux. Certains habitent des milieux très rudes, comme les sommets enneigés des montagnes et les déserts. D'autres vivent dans les rivières, les cavernes ou dans le sous-sol. La classe des mammifères regroupe plus de 5000 espèces. Ce nombre varie car on en découvre encore de nouvelles de temps à autre, le plus souvent dans des endroits très reculés. La plupart des découvertes concerne des animaux de petite taille. Mais en 1993, c'est le saola qui fut découvert dans les forêts denses du Vietnam. Cet ongulé mesure 1,50 m de long et pèse 90 kg. On pense qu'il s'agit d'un animal vivant en solitaire ou en petits groupes. C'est une espèce menacée par la chasse et la destruction de son habitat.

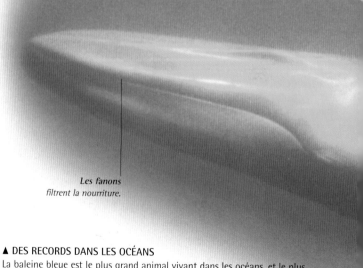

Les fanons filtrent la nourriture.

▲ DES RECORDS DANS LES OCÉANS

La baleine bleue est le plus grand animal vivant dans les océans, et le plus grand animal du monde. Les femelles sont plus grosses que les mâles, pouvant atteindre 33 m de long et peser jusqu'à 150 tonnes. Un nouveau-né mesure déjà 7 m et pèse 2,5 tonnes. Le record du mammifère pouvant atteindre les plus grandes profondeurs est détenu par le cachalot, capable de descendre jusqu'à 2500 m pour chasser. Le rorqual de Rudolphi est la plus rapide des baleines, avec des pointes de vitesse pouvant atteindre 35 km/h.

DES MAMMIFÈRES QUI ONT RÉUSSI

LES MAMMIFÈRES DOMESTIQUES
L'homme a commencé à élever les mammifères pour leur viande, leur peau ou leur laine il y a plus de 10 000 ans. Les chèvres, les moutons, les bovins et les cochons furent parmi les premiers à être domestiqués. Les chiens furent probablement les premiers animaux de compagnie. Plus tard, les bœufs furent utilisés pour tirer les charrues, les chevaux et les dromadaires comme montures.

DES MAMMIFÈRES PROLIFIQUES
Depuis toujours, l'homme chasse les mammifères. À cause de lui, certaines espèces sont devenues rares, parfois ont totalement disparu. Mais il en est, comme les rats et les souris, qui pullulent et restent les mammifères les plus nombreux du monde. Leurs facilité à s'adapter à de nouveaux milieux et leur rapidité à se reproduire font que leur nombre ne cesse d'augmenter.

DES MAMMIFÈRES ADAPTABLES
La plupart des mammifères ont des formes et un organisme adaptés à la vie dans un type de milieu. Ainsi, le corps des cétacés est taillé pour la vie marine, celui des chauves-souris pour la vie aérienne : leurs bras se sont transformés en ailes. Grâce au vol, ces animaux atteignent des lieux inaccessibles aux autres mammifères, réduisant ainsi la compétition pour la nourriture.

Les savanes (prairies tropicales) sont le milieu de pâture de grands troupeaux d'éléphants et d'autres mammifères herbivores.

Pattes en forme de robustes piliers supportant le corps

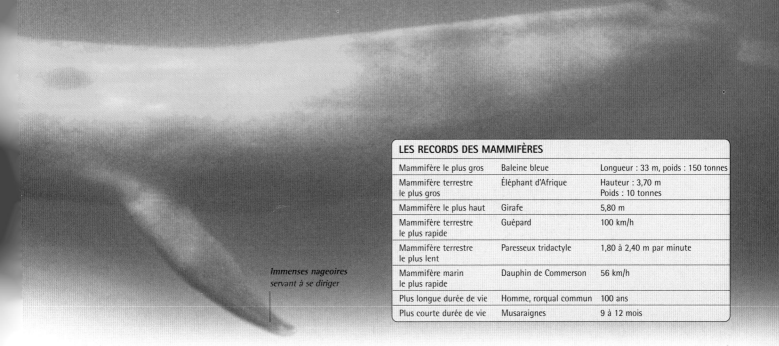

Immenses nageoires servant à se diriger

LES RECORDS DES MAMMIFÈRES

Mammifère le plus gros	Baleine bleue	Longueur : 33 m, poids : 150 tonnes
Mammifère terrestre le plus gros	Éléphant d'Afrique	Hauteur : 3,70 m Poids : 10 tonnes
Mammifère le plus haut	Girafe	5,80 m
Mammifère terrestre le plus rapide	Guépard	100 km/h
Mammifère terrestre le plus lent	Paresseux tridactyle	1,80 à 2,40 m par minute
Mammifère marin le plus rapide	Dauphin de Commerson	56 km/h
Plus longue durée de vie	Homme, rorqual commun	100 ans
Plus courte durée de vie	Musaraignes	9 à 12 mois

QU'EST-CE QU'UN MAMMIFÈRE ?

Les mammifères sont une classe d'animaux vertébrés, c'est-à-dire qui possèdent des vertèbres, autrement dit un squelette interne. Comme les oiseaux, ils ont le sang chaud ; leur organisme génère et régule sa propre chaleur, ce qui leur permet de survivre dans les habitats les plus divers. Tous les mammifères possèdent un certain nombre de particularités qui les distinguent des autres animaux. Tout d'abord, ils sont porteurs de poils. Ensuite, toutes les femelles nourrissent leurs petits en les allaitant. Enfin, tous présentent une structure de la mâchoire unique, que les scientifiques utilisent pour distinguer les mammifères fossiles des reptiles.

Les vibrisses, communément appelées «moustaches», sont sensibles au toucher.

La fourrure présente des couleurs et des motifs qui contribuent au camouflage.

◄ LES POILS DES MAMMIFÈRES
Les mammifères sont les seuls animaux supérieurs à porter des poils. Chez la plupart des espèces, comme cette hermine, une dense fourrure recouvre la quasi totalité du corps. Toutefois, chez les mammifères marins ou ceux qui vivent dans des milieux chauds, les poils sont souvent rares, certains cétacés n'en portant qu'au moment de leur naissance. La fourrure, par son rôle isolant, aide l'animal à conserver sa chaleur et le protège des blessures. Chez certains mammifères, de longs poils sensibles appelés vibrisses ont un rôle tactile. Chez les hérissons et les porcs-épics, les poils se sont transformés en piquants défensifs.

La plante des pieds n'est pas couverte de poils.

Le museau n'est pas couvert de poils et perd de la chaleur plus vite que les autres parties du corps.

Une épaisse fourrure réduit les déperditions de chaleur, économisant donc l'énergie.

◄ DES ANIMAUX À SANG CHAUD
Tous les mammifères produisent leur propre chaleur corporelle et la maintiennent constante, quelles que soient les conditions climatiques extérieures. On dit souvent qu'ils ont le «sang chaud», mais cette expression ne rend pas vraiment compte de la réalité du phénomène ; il est plus approprié de les qualifier d'animaux homéothermes. Maintenir une température interne élevée permet à des mammifères tel que cet ours polaire de vivre dans des régions froides comme l'Arctique. D'autres mammifères parviennent à rester actifs dans des régions chaudes comme les déserts. L'inconvénient est que ce phénomène nécessite une grande quantité d'énergie, de sorte que les mammifères doivent manger beaucoup plus que les animaux «à sang froid» tels que les reptiles.

Une épaisse couche de graisse sous la peau renforce l'effet isolant de la fourrure.

Mammifère

Cordon ombilical

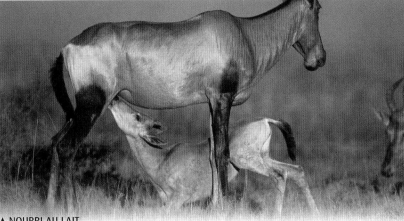

◄ DANS LE VENTRE DE MAMAN
Tous les mammifères ont une reproduction sexuée. Les spermatozoïdes des mâles fécondent les ovules de la femelle. La plupart des bébés mammifères, comme ce petit humain, se développent dans l'utérus de leur mère. Ils sont reliés au placenta, qui assure leur alimentation en oxygène et en éléments nutritifs, par le cordon ombilical. La plupart naissent bien développés, mais les jeunes marsupiaux naissent à l'état embryonnaire, tandis que les monotrèmes pondent des œufs.

DES CARACTÈRES PARTAGÉS

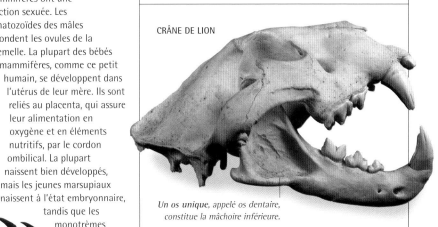

CRÂNE DE LION

Un os unique, appelé os dentaire, constitue la mâchoire inférieure.

Le squelette constitue l'armature interne du corps. Celui de tous les mammifères présente les mêmes structures de base, et des adaptations variables en fonction du mode de vie et de l'habitat. Le crâne constitue une boîte protectrice pour le cerveau. Une caractéristique typique des mammifères est que leur mâchoire inférieure s'articule directement sur le crâne. Cela lui confère une grande puissance de morsure. Les deux mâchoires, supérieure et inférieure, sont armées de dents adaptées au type de régime alimentaire.

▲ NOURRI AU LAIT
Toutes les femelles mammifères nourrissent leurs petits du lait que produisent leurs glandes mammaires. C'est d'ailleurs à ces glandes dermiques, localisées sur la poitrine ou l'abdomen, que les mammifères doivent leur nom. Le lait est un liquide épais et riche qui apporte aux petits, comme ce jeune bubale, tous les éléments nutritifs dont ils ont besoin. Les mères mammifères veillent sur leurs petits et leur enseignent des choses essentielles comme la recherche de nourriture.

LA STRUCTURE DES MEMBRES

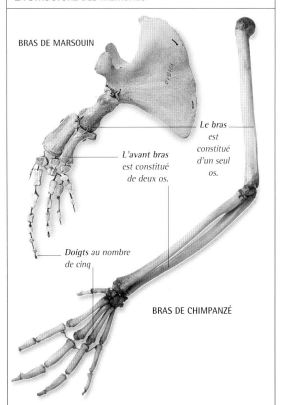

BRAS DE MARSOUIN

Le bras est constitué d'un seul os.

L'avant bras est constitué de deux os.

Doigts au nombre de cinq

BRAS DE CHIMPANZÉ

▲ INTELLIGENCE ET COMMUNICATION
Comparativement à la taille de leur corps, les mammifères ont un cerveau plus gros que les autres animaux. Un cerveau bien développé traite les informations fournies par les organes sensoriels et donne la capacité de modifier son comportement si les conditions changent, ce qui contribue à la survie. Doués pour la communication, ces chimpanzés vivent en groupes sociaux complexes.

Les mammifères ont quatre membres, à l'exception des cétacés qui ont perdu leurs membres postérieurs au cours de l'évolution pour acquérir une forme plus hydrodynamique. Chez chaque grand groupe de mammifères, en effet, les membres ont évolué pour s'adapter à leur environnement et leur mode de vie. Ainsi, les membres d'animaux aussi différents que les marsouins et les chimpanzés partagent la même structure de base : le bras est constitué d'un seul os, l'avant-bras en compte deux et le membre s'achève par cinq doigts. Mais les os qui les composent présentent des formes très différentes.

L'ORIGINE DES MAMMIFÈRES

Les mammifères sont apparus par le jeu de l'évolution. Leurs ancêtres avaient évolué à partir de poissons primitifs. Vers la fin du paléozoïque (ère primaire), il y a 250 millions d'années, ces animaux donnèrent naissance aux reptiles, qui produisirent les dinosaures. Mais peu avant que ceux-ci n'apparaissent, un groupe de reptiles appelés cynodontes s'était séparé de la lignée commune, développant des caractères nouveaux remarquables, tels que des dents spécialisées, une mâchoire inférieure constituée d'os moins nombreux, et de la fourrure. À partir de ces derniers, il y a quelque 200 millions d'années, apparaissaient les premiers mammifères.

▲ DIMETRODON

Vivant au début du permien, *Dimetrodon* atteignait 3,50 m de long. Ce prédateur spectaculaire appartenait à un groupe de reptiles nommé les pélycosauriens, proches parents des cynodontes. *Dimetrodon* possédait une peau écailleuse, comme tous les reptiles, mais il présentait aussi des dents de différents types, ce qui constituait un caractère plus mammalien.

▲ CYNOGNATHUS

Ce crâne fossilisé appartenait à *Cynognathus*, l'un des plus gros reptiles cynodontes, atteignant 1 m de long. *Cynognathus* signifie «mâchoire de chien». L'animal présentait en effet une dentition ressemblant à celle des canidés actuels, avec de longues canines pour saisir les proies. Pour sa taille, sa tête était massive ; ses mâchoires devaient s'ouvrir grand et permettre une morsure extrêmement puissante.

@ ▶▶
Évolution
des espèces

Corps couvert de poils

Griffes acérées au bout des doigts

Mâchoire inférieure constituée d'un os unique

▲ THRINAXODON

À peu près de la taille d'un chat, *Thrinaxodon* était un reptile cynodonte qui vécut au début du trias, époque où commencèrent à évoluer les premiers dinosaures. Il possédait beaucoup de caractères mammaliens, notamment des dents spécialisées et un nouveau type de mâchoire qui lui donnait une prise plus puissante. Il était probablement couvert de poils, et il est probable qu'il ait eu aussi «le sang chaud».

CHRONOLOGIE

ÉON	PHANÉROZOÏQUE - ÂGE DE LA VIE ABONDANTE ET VISIBLE					
ÈRE	PALÉOZOÏQUE – ÂGE DE LA VIE ANCIENNE			MÉSOZOÏQUE – ÂGE DES REPTILES DOMINANTS		
PÉRIODE	PERMIEN			TRIAS		
	INFÉRIEUR	MOYEN	SUPÉRIEUR	INFÉRIEUR	MOYEN	SUPÉRIEUR
	292 à 275 millions d'années (Ma)	275 à 260 Ma	260 à 251 Ma	251 à 245 Ma	245 à 228 Ma	228 à 200 Ma

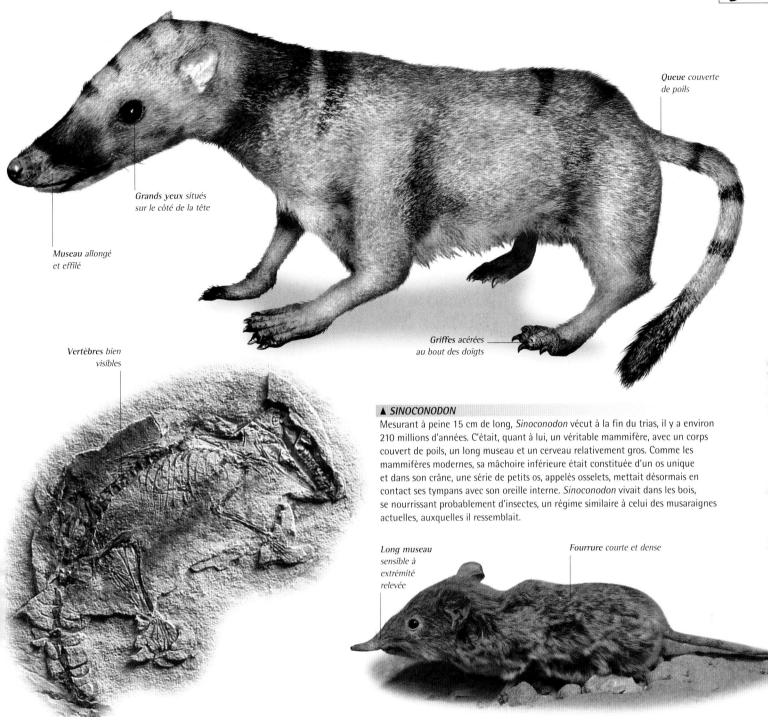

Queue couverte de poils

Grands yeux situés sur le côté de la tête

Museau allongé et effilé

Vertèbres bien visibles

Griffes acérées au bout des doigts

▲ SINOCONODON

Mesurant à peine 15 cm de long, *Sinoconodon* vécut à la fin du trias, il y a environ 210 millions d'années. C'était, quant à lui, un véritable mammifère, avec un corps couvert de poils, un long museau et un cerveau relativement gros. Comme les mammifères modernes, sa mâchoire inférieure était constituée d'un os unique et dans son crâne, une série de petits os, appelés osselets, mettait désormais en contact ses tympans avec son oreille interne. *Sinoconodon* vivait dans les bois, se nourrissant probablement d'insectes, un régime similaire à celui des musaraignes actuelles, auxquelles il ressemblait.

Long museau sensible à extrémité relevée

Fourrure courte et dense

▲ EOMAIA

Découvert en 2002 en Chine, ce fossile d'*Eomaia* est le plus ancien mammifère placentaire connu. Il date du début du crétacé. Les mammifères placentaires donnaient naissance à des jeunes entièrement formés qui passaient par une phase de développement plus longue, dans le ventre de leur mère, que les autres mammifères. Ce nouveau processus de reproduction devait se révéler très efficace. De nos jours, les placentaires constituent plus de 90 % de tous les mammifères.

▲ ZALAMBDALESTES

Vers la fin du crétacé, les véritables mammifères étaient communs, mais la plupart étaient de petite taille. Mesurant 20 cm de long, *Zalambdalestes* en était un exemple typique. Avec son crâne allongé et son museau pointu, il ressemblait assez à une musaraigne moderne. Les os de ses pattes étaient allongés et ses doigts étaient non opposables (ils ne formaient pas de pince), ce qui signifie qu'il vivait probablement au sol.

PHANÉROZOÏQUE – ÂGE DE LA VIE ABONDANTE ET VISIBLE				
MÉSOZOÏQUE – ÂGE DES REPTILES DOMINANTS				
JURASSIQUE			CRÉTACÉ	
INFÉRIEUR	MOYEN	SUPÉRIEUR	INFÉRIEUR	SUPÉRIEUR
200 à 176 Ma	176 à 161 Ma	161 à 146 Ma	146 à 99 Ma	99 à 65 Ma

L'ÉVOLUTION ET LA DIVERSIFICATION

À la fin du crétacé, il y a 65 millions d'années, un météorite géant heurta la Terre, provoquant la fin de l'Âge des reptiles. La plupart des grands animaux terrestres furent balayés. Le monde vivant se remit doucement de cette catastrophe planétaire. Les mammifères, qui avaient vécu pendant si longtemps sous la forme de petits animaux dans l'ombre des dinosaures, devinrent les animaux dominants. Au début du pléistocène, il y a 1,8 million d'années, tous les groupes mammaliens actuels étaient en place. On trouvait parmi eux des primates capables de fabriquer des outils et qui marchaient debout : les ancêtres de l'homme.

DIPROTODON ▶

Presque aussi gros qu'un hippopotame actuel, *Diprotodon* était un marsupial (mammifère à poche) géant de l'oligocène. Il vivait en Australie, une île-continent qui s'écartait lentement des autres terres émergées, isolant ainsi les marsupiaux du contact avec les autres mammifères. *Diprotodon* était herbivore, se nourrissant des branches feuillues de différents arbustes, qu'il dépouillait de ses incisives coupantes.

Puissantes mâchoires pour mastiquer les plantes coriaces

Jeune transporté dans la poche (ou marsupium) de peau élastique

Pieds à large plante, évoquant ceux des ours actuels

▲ PROPALAEOTHERIUM

Ce fossile magnifiquement préservé, trouvé dans une carrière à Messel, en Allemagne, est celui d'un des premiers vrais chevaux, remontant à l'éocène. À peu près de la taille d'un grand chien, il avait une petite tête et des sabots à trois ou quatre doigts. Au cours de leur évolution, la taille des chevaux s'accrut graduellement et certains de leurs doigts régressèrent.

Canines servant à tuer les proies

◄ EUSMILUS

Des prédateurs avec des dents en forme de sabre apparurent plusieurs fois au cours de l'évolution des mammifères. Parmi ceux-ci figurent des marsupiaux et de nombreuses espèces de félins. *Eusmilus*, de l'oligocène, fut parmi les premiers. Il ne possédait que 26 dents, soit 18 de moins que les félins actuels. Mais ses canines supérieures étaient énormes, dépassant largement de la bouche.

CHRONOLOGIE

ÉON	ÉON PHANÉROZOÏQUE – ÂGE DE LA VIE ABONDANTE ET VISIBLE			
ÈRE	ÈRE CÉNOZOÏQUE – ÂGE DES MAMMIFÈRES			
	TERTIAIRE			
PÉRIODE	PALÉOCÈNE	ÉOCÈNE	OLIGOCÈNE	MIOCÈNE
	65 à 54,8 millions d'années (Ma)	54,8 à 33,5 Ma	33,5 à 24 Ma	24 à 5,3 Ma

Les pierres
étaient taillées
en les frappant
entre elles.

◄ HOMO HABILIS

Homo habilis, ou « homme habile »,
vivait en Afrique il y a environ
2,5 millions d'années.
Il appartenait à une famille
de primates appelée hominidés,
dont fait partie l'espèce humaine.
Il possédait un gros cerveau
et savait fabriquer des outils de
pierre, ce qui représentait un pas
de géant dans l'évolution des
mammifères. *Homo habilis* est
l'une des 13 espèces d'hominidés
au moins que les scientifiques
ont découverts.

▲ CETOTHERIUM

Les mammifères étaient apparus sur la terre ferme, mais vers le miocène,
beaucoup d'espèces, dérivées d'anciens animaux à sabots, étaient retournées
vers la mer. Les Cétacés primitifs avaient un museau allongé et quatre
membres en forme de nageoire, mais plus tard, ils ne présentaient plus,
comme *Cetotherium*, que des nageoires antérieures et une nageoire
caudale horizontale. *Cetotherium* s'alimentait en filtrant le plancton,
comme les baleines actuelles.

La fourrure est souvent bien préservée
sur les mammouths fossiles.

Évolution
des espèces

LE MAMMOUTH LAINEUX ►

Le pléistocène débuta par un changement radical
du climat ; la Terre se refroidissant devait connaître
une succession d'âges glaciaires. Dans l'hémisphère
Nord, où les calottes de glace étaient les plus vastes,
les mammifères développèrent des adaptations
spéciales pour survivre au froid. Le mammouth
laineux avait une épaisse fourrure, une courte
queue, et d'inhabituelles petits oreilles afin de
limiter les déperditions de chaleur. Il parcourait les
toundras d'Europe, d'Asie et d'Amérique du Nord.

Trompe utilisée pour
saisir la nourriture

ÉON PHANÉROZOÏQUE - ÂGE DE LA VIE ABONDANTE ET VISIBLE		
ÈRE CÉNOZOÏQUE - ÂGE DES MAMMIFÈRES		
	QUATERNAIRE	
PLIOCÈNE	PLÉISTOCÈNE	HOLOCÈNE
5,3 à 1,8 Ma	1,8 à 0,01 Ma	0,01 Ma à nos jours

LES GROUPES MAMMALIENS

Il existe plus de 5 100 espèces de mammifères sur la Terre aujourd'hui, occupant tous les types de milieux. Les scientifiques les classifient en différents groupes d'après les liens de parenté qui se sont établis entre eux au cours de l'évolution. L'un de ces groupes, celui des monotrèmes, renferme des mammifères qui pondent des œufs. On ne les rencontre qu'en Australasie. Groupe plus vaste, avec environ 300 espèces, les métathériens, ou marsupiaux, sont surtout australiens. Les femelles présentent une poche ventrale dans laquelle les jeunes se développent. Viennent enfin les mammifères placentaires, chez lesquels les jeunes se développent dans le ventre de la femelle. Ils comptent plus de 4 700 espèces et se rencontrent dans le monde entier.

CLASSIFICATION DES MAMMIFÈRES (voir pp. 90-91)

PROTOTHÉRIENS

MAMMIFÈRES OVIPARES	FAMILLES	ESPÈCES
Monotrèmes	2	5

MÉTATHÉRIENS

MARSUPIAUX	FAMILLES	ESPÈCES
Didelphimorphes	1	78
Paucituberculés	1	6
Microbiothériens	1	1
Dasyuromorphes	2	71
Notoryctémorphes	1	2
Péramélémorphes	2	22
Diprotodontes	8	136

EUTHÉRIENS

MAMMIFÈRES PLACENTAIRES	FAMILLES	ESPÈCES
Carnivores	11	283
Pinnipèdes (carnivores)	3	34
Cétacés	11	83
Siréniens	2	4
Primates	10	372
Scandentiens	1	19
Dermoptères	1	2
Proboscidiens	1	3
Hyracoïdes	1	6
Tubulidentés	1	1
Périssodactyles	3	20
Artiodactyles	10	228
Rongeurs	24	2 105
Lagomorphes	2	83
Macroscélides	1	15
Insectivores	6	451
Chiroptères	18	1 033
Xénarthres	5	31
Pholidotes	1	7

LES MARSUPIAUX ▶
Comme tous les marsupiaux, les koalas naissent à un stade embryonnaire. À la naissance, le jeune pèse environ 100 000 fois moins que sa mère. Il rampe jusqu'à sa poche ventrale et va y passer six mois, fixé à une mamelle, à se nourrir de son lait. Passé cette période, désormais bien développé, il se fixe sur le dos de sa mère. Chez certains marsupiaux, la poche ventrale est très petite et le jeune en dépasse. Les marsupiaux se rencontrent en Australasie et en Amérique.

◀ LES MONOTRÈMES
L'échidné d'Australie est le plus commun des monotrèmes, un groupe de mammifères primitifs. Comme ses deux cousins, l'échidné de Bruijn et l'ornithorynque, il pond de petits œufs à coquille coriace. Après éclosion, le jeune passe ses huit premières semaines de vie dans la poche ventrale de sa mère avant de commencer à s'aventurer au dehors. Chez l'ornithorynque, la femelle n'a pas de poche ventrale. Elle s'occupe de ses nouveau-nés dans un terrier.

LES CHIROPTÈRES ▶

Avec près de 1 000 espèces, les chiroptères, ou chauves-souris, constituent l'un des plus grands ordres de mammifères placentaires. C'est parmi eux que l'on trouve les plus petits mammifères du monde, qui ne pèsent que un ou deux grammes, et des espèces comme ce renard volant, dont l'envergure dépasse 1,50 m. Tous les chiroptères sont nocturnes et beaucoup se nourrissent d'insectes, qu'ils détectent en vol grâce à leur système d'écholocalisation. Les renards volants, quant à eux, sont surtout frugivores (ils mangent des fruits).

Les renards volants ont un bon odorat.

Les membranes alaires relient les membres antérieurs, postérieurs, et la queue.

Mammifère

Les ailes sont soutenues par les longs os des bras et des doigts.

Les damans possèdent de grands yeux et une bonne vue.

Dans le terrier, les oreilles s'aplatissent.

◀ LES HYRACOÏDES

Six espèces de damans réunis en une seule famille composent le petit ordre des hyracoïdes. Ils évoquent un peu des marmottes, mais leurs plus proches parents évolutifs sont les éléphants et les mammifères marins appelés siréniens (dugong et lamantins). Grâce à leurs doigts munis de pelotes élastiques, ce sont de bons grimpeurs. Ils peuvent survivre à des conditions très sèches, tirant l'eau de leur nourriture.

◀ LES TUBULIDENTÉS

L'oryctérope est un mammifère placentaire, mais il n'a pas de proche parent et constitue donc à lui seul l'ordre des tubulidentés. Grâce à ses griffes puissantes, c'est l'un des fouisseurs les plus rapides du monde des mammifères. Il se nourrit de fourmis et termites, qu'il capture de sa longue langue collante. Les jeunes naissent assez bien développés au terme d'une période de gestation de huit mois.

Les écailles sont de même nature que les poils. Elles poussent continuellement et sont remplacées périodiquement.

◀ LES PHOLIDOTES

Avec leur corps couvert d'écailles superposées, les pangolins font penser à des cônes de pins ambulants. Ils se nourrissent d'insectes. Leurs écailles sont une protection contre les attaques des prédateurs. S'ils sont menacés, ils se roulent en boule. Les pangolins sont des mammifères placentaires ; les jeunes naissent avec des écailles souples qui durcissent au bout de quelques semaines. Il existe sept espèces de pangolins, vivant en Afrique et dans le Sud-Est asiatique.

LE SQUELETTE

Comme les poissons, les amphibiens, les reptiles et les oiseaux, les mammifères sont des vertébrés, ce qui signifie qu'ils sont pourvus d'une colonne vertébrale, donc d'un squelette interne. De tous les vertébrés, ils sont d'ailleurs ceux dont le squelette est le plus complexe, leur permettant une grande variété de mouvements. Outre le fait qu'il constitue l'armature du corps, le squelette protège les organes internes et offre des points d'ancrage aux muscles qui tirent sur les os pour les mouvoir. Constitués de tissus vivants, les os stockent des minéraux et produisent les cellules du sang. Tous les mammifères en comptent plus de 200, mais certains sont fusionnés.

Squelette

LE CRÂNE ET LES DENTS

Orbite profond protégeant le globe oculaire

Crâne large et aplati, de forme hydrodynamique

Dents adaptées à un régime varié

SINGE VERVET

PHOQUE

Fortes canines pour saisir les proies

CERF

Molaires aplaties pour broyer les végétaux

Incisives en appui sur la mâchoire supérieure pour couper les plantes

Le crâne est une boîte osseuse qui protège le cerveau. Il abrite également les principaux organes sensoriels : les yeux, les oreilles, la langue et la cavité nasale. Contrairement aux autres animaux, les mammifères présentent des dents spécialisées de quatre grands types : les incisives, dents de devant utilisées pour couper, les canines, pour saisir et tuer les proies, les prémolaires et les molaires, dents postérieures servant à broyer la nourriture. Mais tous ne sont pas pourvus des quatre types de dents ; la dentition et la structure des dents elles-mêmes se sont adaptées au régime alimentaire des différentes espèces. Il en va de même de la mâchoire, dont l'articulation est l'une des plus puissantes du corps.

Crâne arrondi

Omoplate large où viennent s'ancrer les muscles

Colonne vertébrale

Dents peu différenciées indiquant un régime varié

Bassin constitué de trois paires d'os

Cage thoracique protégeant les organes vitaux (cœur, poumons)

Humérus (os du bras) relié à l'épaule par une articulation de type rotulien

Articulation de type charnière, permettant les mouvements dans un seul plan

Queue courte

Le fémur (os de la cuisse) est l'os le plus long du corps.

UN SQUELETTE DE SINGE ►
Le squelette d'un mammifère est constitué de deux grandes parties : le squelette axial, ou central, constitué par le crâne, la colonne vertébrale et la cage thoracique, et le squelette appendiculaire, formé par les membres et les os de liaison. Les os sont reliés par des articulations qui leur permettent divers mouvements. Par ailleurs, s'il présente toujours la même structure de base, le squelette s'est adapté au mode de vie des différentes espèces. Celui des singes macaques est compact, taillé pour la course à quatre pattes, pour grimper et agripper.

Les longs os des membres ont un effet de levier

Os du talon (calcaneum)

Deux os (tibia et péroné) constituent la jambe inférieure

Os des doigts longs et fins

Main à cinq doigts

MACAQUE RHÉSUS AVEC SON PETIT

CRÂNE ET COLONNE VERTÉBRALE DE RENARD

Les os soudés du crâne forment la boîte crânienne.

Vertèbres cervicales (du cou), au nombre de sept chez presque tous les mammifères

LES OS DES MEMBRES ▶

Les os des membres de tous les mammifères présentent une structure similaire, mais leur forme varie en fonction des différents modes de vie et milieux des animaux. Ainsi, ceux des phoques ont évolué pour former de puissantes nageoires. Les antérieures leurs servent essentiellement à se diriger, tandis que les puissantes nageoires postérieures assurent la propulsion. Chez d'autres groupes de mammifères, les membres antérieurs se sont adaptés à d'autres types de mouvements comme le vol, la course, le saut, le fouissage.

NAGEOIRE ANTÉRIEURE DE PHOQUE

Humérus

Premier doigt fort

Os des doigts allongés

Radius   Cubitus

Omoplate

◀ LA COLONNE VERTÉBRALE

La colonne vertébrale est la partie centrale du squelette, à laquelle le crâne et les membres sont rattachés. Elle est constituée de nombreux petits os, les vertèbres, qui s'assemblent et s'articulent pour former une longue colonne souple. La colonne vertébrale renferme et protège la moelle épinière. Celle-ci est le principal faisceau de nerfs qui connectent le cerveau avec toutes les parties du corps. Les projections osseuses des vertèbres, appelées apophyses, s'emboîtent entre elles et offrent des points d'ancrage aux muscles.

COLONNE VERTÉBRALE, MEMBRES ET MOUVEMENTS

UNE ÉPINE DORSALE RIGIDE

La colonne vertébrale du cheval est relativement rigide. Avec ses longues pattes, l'animal est taillé pour la course et sa colonne contribue à son endurance. Sa relative rigidité lui permet d'économiser l'énergie nécessaire à chaque foulée, donc de courir plus longtemps. Ses pieds présentent un doigt unique dont l'ongle a évolué en un dur sabot entourant une semelle amortie. Le cheval est un ongulé : il marche sur le bout de ses doigts.

Les vertèbres du dos sont divisées en vertèbres thoraciques et vertèbres lombaires.

UNE ÉPINE DORSALE SOUPLE

Les prédateurs comme ce tigre font des pointes de vitesse pour capturer leurs proies. Leur colonne vertébrale est très flexible, s'enroulant et se déroulant à chaque foulée. Ceci accroît leur vitesse mais consomme beaucoup d'énergie, et ils ne peuvent maintenir leur course très longtemps. Les membres puissants du tigre lui servent aussi à bondir, à grimper et à nager. Il a cinq doigts aux pattes antérieures, quatre aux postérieures. C'est un digitigrade : il marche sur ses doigts.

Les chevaux comptent de 14 à 21 vertèbres caudales.

Les vertèbres sacrées sont reliées aux membres postérieurs par le bassin.

Vertèbres caudales constituant la queue

OS DE LA QUEUE D'UN CHEVAL

◀ LA QUEUE

La plupart des mammifères ont une queue soutenue par les vertèbres caudales. Leur nombre varie selon la longueur de l'appendice. La queue joue différents rôles. Les chevaux s'en servent comme chasse-mouches et pour montrer leur humeur. Celle du castor sert à la fois de gouvernail, de propulseur et de signal d'alarme, lorsqu'il s'en sert pour frapper sur l'eau. Le maki catta, un lémurien, utilise la sienne comme un fanal, pour adresser des messages à ses congénères.

QUEUE DE CASTOR

Vertèbres fines au bout de la queue.

QUEUE DE MAKI CATTA

Vibrisses longues et raides sensibles au toucher

Les poils de garde clairs dépassent de la sous-fourrure plus foncée.

▲ DOUBLE ÉPAISSEUR
Tous les mammifères portent au moins quelques poils sur le corps, et la plupart une épaisse fourrure. Chez l'opossum de Virginie (ci-dessus), elle est dense, ne laissant dénudés que le bout du museau, le dessous des pieds et la queue. La fourrure est souvent constituée de deux couches : une couche externe grossière, les poils de garde, et une sous-fourrure dense et fine, les poils de bourre. Les poils de garde forment une première barrière isolante, souvent imperméable, protégeant du froid, du vent et de la pluie. Les poils de bourre retiennent une couche d'air chauffée par le corps, préservant la peau du contact avec les éléments froids.

Longue queue nue sensible au toucher

LA PEAU ET LES POILS

Deux des principaux traits qui distinguent les mammifères des autres animaux sont la peau et les poils. La peau renferme différentes sortes de glandes particulières aux mammifères et dont le rôle est vital : par exemple les glandes mammaires, qui produisent le lait pour nourrir les jeunes, et les glandes sudoripares, qui produisent la sueur et jouent un rôle dans la régulation de la température. Les poils ont différentes fonctions : ils isolent l'animal du froid et de l'humidité, le camouflent dans son milieu par leurs couleurs et leurs motifs, et peuvent même devenir protecteurs, voire vulnérants, lorsqu'ils se sont transformés en piquants. La peau aussi peut former une armure naturelle lorsqu'elle a évolué en un cuir épais.

Une laine épaisse protège l'alpaga du froid.

◄ LA LAINE DE L'ALPAGA
L'alpaga est un membre domestiqué des camélidés, la famille des chameaux. Il vit dans les Andes, en Amérique du Sud. Son corps est couvert d'une laine dense et élastique retenant une épaisse couche d'air, isolant le corps du vent et du froid. Les moutons et les lamas, originaires de régions montagneuses, portent aussi une toison laineuse pour laquelle ils ont été domestiqués depuis des milliers d'années, fournissant également de la viande, du lait et de la peau.

LES TYPES DE POILS ET DE FOURRURE

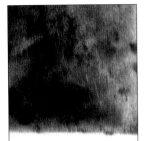   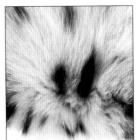 

FOURRURE DE PHOQUE
La texture et la longueur du poil varient en fonction des espèces de mammifères. La fourrure du phoque est courte et grossière. À terre, elle protège l'animal des blessures contre les rochers. Sous l'eau, elle est rendue imperméable par la sécrétion huileuse des glandes sébacées – situées dans la peau –, qui enduit le poil.

FOURRURE DE SINGE COLOBE
Les colobes sont des singes au poil long, doux et soyeux. Dans les forêts et les bois d'Afrique de l'Ouest, cette robe dense les protège contre la pluie et les redoutables rayons du soleil. Elle leur permet aussi de se camoufler en se dissimulant parmi le feuillage dans les canopées ombreuses.

FOURRURE DE CASTOR
Les castors passent le plus clair de leur temps dans l'eau. Leur long poil de garde doublé d'une sous-fourrure dense les maintient au sec tandis qu'ils nagent et plongent. Ces mammifères, jadis abondants au bord des lacs et des rivières, ont été décimés, précisément pour leur fourrure, et sont aujourd'hui beaucoup plus rares.

FOURRURE DE LYNX
Les taches sur la robe du lynx contribuent à briser sa silhouette, le rendant moins visible lorsqu'il est à l'affût. Son poil est long et épais, marqué, à l'extrémité des oreilles, par des touffes particulièrement visibles en hiver. Ses pieds sont également bien fourrés, ce qui l'aide à marcher dans la neige.

CHEVEUX HUMAINS
Les poils des mammifères sont constitués de longs empilements de cellules rassemblés et renforcés par une substance appelée kératine. L'homme en porte de deux sortes : les cheveux, grossiers, et les poils plus fins couvrant le reste du corps, qui se redressent lorsqu'il fait froid pour retenir une couche d'air isolante.

DÉFENSES CORNÉES

Corne constituée de poils modifiés

Selon l'espèce, les rhinocéros ont sur la tête une ou deux défenses. Portées indifféremment par les mâles et les femelles, elles sont constituées de corne, donc de kératine, cette protéine dure que l'on retrouve dans tous les poils et les ongles des mammifères, y compris ceux de l'homme. Ces défenses sont en effet des poils modifiés et agglomérés qui se développent à partir d'une zone rugueuse de l'os nasal. Elles n'ont pas de cœur osseux, comme les cornes des bovidés.

Par ailleurs, les rhinocéros sont, comme les éléphants, à peu près dépourvus de poils, ce qui constitue une adaptation aux climats chauds. Leur peau très épaisse atteignant 2 cm, les protège contre la végétation épineuse et les attaques des prédateurs.

@ Peau

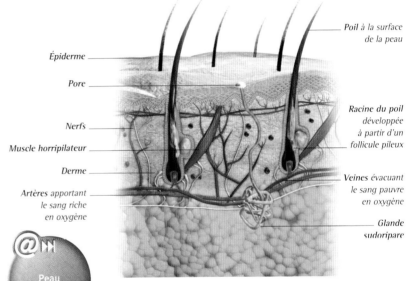

Poil à la surface de la peau
Épiderme
Pore
Nerfs
Muscle horripilateur
Derme
Artères apportant le sang riche en oxygène
Racine du poil développée à partir d'un follicule pileux
Veines évacuant le sang pauvre en oxygène
Glande sudoripare

▲ DANS LA PEAU HUMAINE
La peau de l'homme et des autres mammifères est principalement constituée de deux couches. L'épiderme, la couche supérieure, protège le derme, la couche inférieure. Ce dernier contient les vaisseaux sanguins qui alimentent la peau, ainsi que les nerfs qui fournissent le sens du toucher. Les poils, qui s'enracinent dans la peau, se développent à partir des follicules pileux et sont dressés par les muscles horripilateurs, pour capturer une couche d'air. Les glandes sudoripares sécrètent la sueur, liquide salé dont la production permet à l'organisme de se refroidir lorsqu'il fait chaud.

Un bon grattage déloge la saleté et les écailles de peau morte.

◄ L'IMPORTANCE DE LA TOILETTE
Pour que la fourrure garde son pouvoir isolant et protecteur, elle doit rester propre et en bon état. C'est pourquoi les mammifères, comme ce rat, se toilettent souvent en la léchant, la peignant de leurs griffes, et en la débarrassant des impuretés à l'aide de leurs dents. Beaucoup d'animaux se toilettent mutuellement : le toilettage social renforce les liens au sein d'un groupe.

◄ LA MUE
Le chameau de Bactriane, qui vit dans les steppes balayées par les vents de Mongolie, en Asie centrale, porte une épaisse fourrure pelucheuse adaptée à la rudesse du climat. En automne, elle s'épaissit pour faire face aux vents glaciaux de l'hiver. Le printemps revenu, elle tombe par paquets – c'est la mue – et un poil plus fin et plus léger se développe à la place. Tant que la mue n'est pas complète, l'animal apparaît hirsute et mal entretenu.

L'ORGANISME

Les mammifères présentent une très grande variété de formes et de tailles, mais chez toutes les espèces, l'organisme fonctionne de la même manière. Toutes ont un cerveau bien développé fonctionnant en liaison avec des systèmes sensoriels complexes. Les différents organes – le cœur, les poumons, le foie, les reins, etc. – assurent diverses fonctions. Ils s'associent au sein de l'organisme pour constituer les grands systèmes vitaux : le système digestif, le système respiratoire, le système circulatoire et le système nerveux.

▲ LA RESPIRATION

Pour que les cellules qui constituent leurs organes fonctionnent et produisent de l'énergie, tous les mammifères ont besoin d'oxygène. C'est le système respiratoire, constitué des poumons, de la trachée et des narines, qui assure l'absorption de l'oxygène par l'organisme. Un diaphragme musculaire, situé entre le thorax et l'abdomen, permet, en se contractant, de faire entrer l'air dans les poumons. Chez les cétacés – ici un cachalot –, les narines sont formées par l'évent, situé au sommet de la tête.

Les reins filtrent les résidus de l'activité de l'organisme présents dans le sang.

UNE ANATOMIE COMPARABLE ▶

Tous les mammifères terrestres ont quatre membres, adaptés à la marche sur deux ou quatre pattes, ou bien au vol chez les chauves-souris. Les cétacés (baleines et dauphins), quant à eux, ont perdu leurs membres postérieurs au cours de l'évolution. Au niveau interne, le thorax renferme deux organes vitaux : le cœur et les poumons. L'abdomen, quant à lui, abrite le foie, les reins, le pancréas, ainsi que les organes de la digestion (estomac, intestins) et ceux de la reproduction.

Colonne vertébrale constituée de nombreuses vertèbres

Le squelette interne, ou endosquelette, assure le soutien de l'organisme et définit les formes de l'animal.

Partie du tube digestif, les intestins absorbent les éléments nutritifs contenus dans les aliments.

Les membres sont massifs pour supporter le poids élevé de l'éléphant.

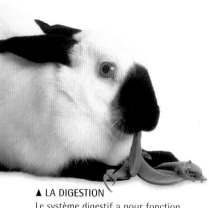

▲ LA DIGESTION

Le système digestif a pour fonction de dissocier les aliments ingérés en éléments nutritifs simples assimilables par l'organisme. De la bouche à l'anus, il est comparable à un long tube à travers lequel circule la nourriture, poussée par des muscles spéciaux dans les parois du tube digestif. La nourriture est traitée, passant successivement par l'œsophage, l'estomac, les intestins, puis les déchets se stockent dans le rectum avant de ressortir par l'anus. Le tube digestif des lapins abrite des bactéries particulières l'aidant à digérer la cellulose contenue dans les plantes.

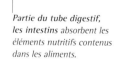

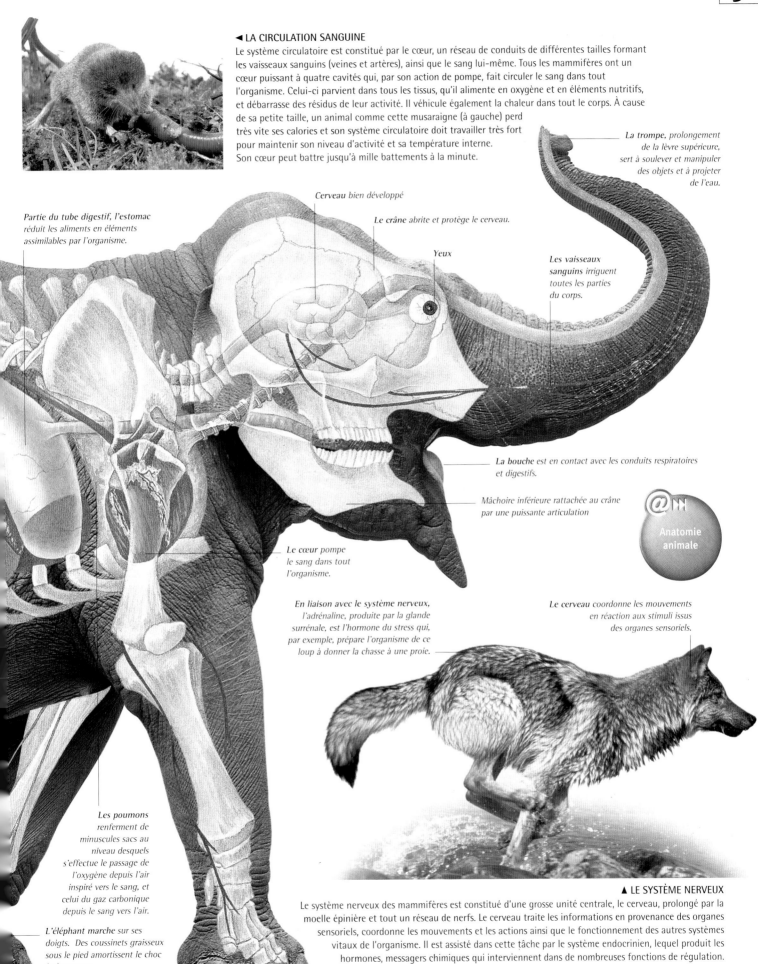

◄ LA CIRCULATION SANGUINE

Le système circulatoire est constitué par le cœur, un réseau de conduits de différentes tailles formant les vaisseaux sanguins (veines et artères), ainsi que le sang lui-même. Tous les mammifères ont un cœur puissant à quatre cavités qui, par son action de pompe, fait circuler le sang dans tout l'organisme. Celui-ci parvient dans tous les tissus, qu'il alimente en oxygène et en éléments nutritifs, et débarrasse des résidus de leur activité. Il véhicule également la chaleur dans tout le corps. À cause de sa petite taille, un animal comme cette musaraigne (à gauche) perd très vite ses calories et son système circulatoire doit travailler très fort pour maintenir son niveau d'activité et sa température interne. Son cœur peut battre jusqu'à mille battements à la minute.

La trompe, prolongement de la lèvre supérieure, sert à soulever et manipuler des objets et à projeter de l'eau.

Partie du tube digestif, l'estomac réduit les aliments en éléments assimilables par l'organisme.

Cerveau bien développé

Le crâne abrite et protège le cerveau.

Yeux

Les vaisseaux sanguins irriguent toutes les parties du corps.

La bouche est en contact avec les conduits respiratoires et digestifs.

Mâchoire inférieure rattachée au crâne par une puissante articulation

@in
Anatomie animale

Le cœur pompe le sang dans tout l'organisme.

En liaison avec le système nerveux, l'adrénaline, produite par la glande surrénale, est l'hormone du stress qui, par exemple, prépare l'organisme de ce loup à donner la chasse à une proie.

Le cerveau coordonne les mouvements en réaction aux stimuli issus des organes sensoriels.

Les poumons renferment de minuscules sacs au niveau desquels s'effectue le passage de l'oxygène depuis l'air inspiré vers le sang, et celui du gaz carbonique depuis le sang vers l'air.

L'éléphant marche sur ses doigts. Des coussinets graisseux sous le pied amortissent le choc à chaque pas.

▲ LE SYSTÈME NERVEUX

Le système nerveux des mammifères est constitué d'une grosse unité centrale, le cerveau, prolongé par la moelle épinière et tout un réseau de nerfs. Le cerveau traite les informations en provenance des organes sensoriels, coordonne les mouvements et les actions ainsi que le fonctionnement des autres systèmes vitaux de l'organisme. Il est assisté dans cette tâche par le système endocrinien, lequel produit les hormones, messagers chimiques qui interviennent dans de nombreuses fonctions de régulation.

DANS LA FORÊT PLUVIALE

Les forêts pluviales se sont développées dans les régions du monde où il pleut la plupart des jours de l'année. Celles des régions tropicales sont des milieux très riches abritant plus d'êtres vivants – entre autres des mammifères – que n'importe quel autre habitat sur Terre. Ce sont des forêts luxuriantes réparties dans les zones de plaine de part et d'autre de l'équateur, où il fait toujours chaud, la plus vaste du monde se situant dans le bassin de l'Amazone, en Amérique du Sud. Il existe également des forêts pluviales tempérées, dans les régions plus fraîches du globe. Les scientifiques divisent verticalement les forêts pluviales en zones appelées strates. On en compte quatre principales qui sont la strate émergente, la canopée, la strate intermédiaire et, au sol, la strate arbustive.

Bras puissants permettant la suspension

La teinte verdâtre du pelage est due à un développement d'algues aériennes.

Chez cet animal qui vit tête en bas, le poil tombe du ventre vers le dos, et non l'inverse, afin d'écarter l'eau de pluie du corps.

Griffes crochues assurant une prise puissante sur les branches

FORÊTS PLUVIALES – 10 % DE LA SURFACE TERRESTRE

☐ Tropicale   ☐ Tempérée

TYPE	SURFACE	PRINCIPALES LOCALISATIONS
Forêts pluviales tropicales	7,5 %	Entre les tropiques du Cancer et du Capricorne, à travers l'Amérique du Sud, l'Afrique et l'Asie du Sud-Est. Abritent plus de 5 % des espèces végétales et animales.
Forêts pluviales tempérées	2,5 %	Côte nord-ouest d'Amérique du Nord, Chili, Tasmanie, Nouvelle-Zélande

▲ DES CROCHETS AU BOUT DES DOIGTS

L'abondante végétation des forêts tropicales constitue une réserve de nourriture permanente. Mais les végétaux ne sont pas particulièrement faciles à digérer et sont peu énergétiques, en particulier les feuilles coriaces dont se nourrissent les paresseux des forêts pluviales d'Amérique centrale et du Sud. Pour économiser leur énergie, ils passent jusqu'à 20 heures par jour à se reposer, et se déplacent très peu et très lentement. De leurs griffes incurvées, ils s'accrochent fermement aux branches afin de ne pas tomber lorsqu'ils dorment.

La queue sert de balancier, assurant l'équilibre lors de la marche sur les branches.

@▶▶ Forêt tropicale

UN CHASSEUR TERRESTRE ▼

Les forêts pluviales des zones tempérées existent dans les régions fraîches du globe où les pluies sont abondantes. Les plus vastes sont celles qui bordent la côte nord-ouest de l'Amérique du Nord. La martre marsupiale, ou quoll, est un mammifère à poche présent essentiellement en Tasmanie. Habitante des strates intermédiaire et arbustive, elle y chasse des oiseaux, des insectes et de petits mammifères.

Pelage tacheté contribuant au camouflage

Plante des pieds marquée de crêtes assurant la prise

Les bras musclés du gibbon sont plus longs que ses jambes.

◄ DANS LA CANOPÉE LE JOUR

Dans les forêts pluviales tropicales, les arbres s'élèvent à plus de 50 m. Haut au-dessus du sol, ils étendent leurs branchages, formant un feuillage épais de 20 mètres d'épaisseur. La plupart des animaux des forêts, comme ce gibbon lar, habitent cette strate humide et éclairée par le soleil où la nourriture est abondante. Les gibbons sont des grimpeurs et sauteurs adroits. Ils se déplacent en se suspendant aux branches d'un bras sur l'autre, un mouvement appelé brachiation.

La queue peut agripper les branches.

▲ DANS LA CANOPÉE LA NUIT

La nuit, des animaux différents s'activent dans les forêts pluviales tropicales. Cette alternance permet aux différentes espèces de répartir leurs périodes de recherche de nourriture. En Amazonie, le kinkajou passe la journée à dormir dans les arbres creux. À la nuit tombée, il part à la recherche de fruits et d'insectes. Sa longue queue préhensile agit comme un cinquième membre, lui permettant d'assurer sa stabilité lorsqu'il se déplace dans les branchages.

◄ DANS LA STRATE INTERMÉDIAIRE LE JOUR

Sous la canopée, la strate intermédiaire est constituée par les branchages d'arbres moins hauts. Le feuillage dense qui la domine arrête une grande partie de la lumière et de la pluie, de sorte que la nourriture végétale y est moins diversifiée. Dans les forêts pluviales africaines, le mandrill passe la journée au sol à rechercher des fruits, des œufs et, à l'occasion, des petits animaux. Il grimpe dans la strate intermédiaire pour s'y abriter des prédateurs. Ce primate vit en groupes d'une vingtaine d'individus.

Grands yeux capables de voir par très faible luminosité

DANS LA STRATE INTERMÉDIAIRE LA NUIT ►

La strate intermédiaire est très sombre la nuit. Les mammifères nocturnes doivent disposer d'un moyen de localiser leurs proies par très faible luminosité. Habitant des forêts denses de Bornéo, dans le Sud-Est asiatique, le tarsier détecte les insectes qu'il consomme grâce à sa vue, son ouïe et son odorat. Ce petit primate saute de branche en branche, auxquelles il s'agrippe grâce aux pelotes souples qui équipent les doigts et les plantes de ses mains et de ses pieds.

Longue langue noire pour brouter le feuillage

◄ AU SOL LE JOUR

Dans les forêts pluviales tropicales, la végétation au sol n'est pas très abondante. La couche de terre arable est mince et les fougères, plantes à fleurs et jeunes arbres se développent surtout là où la lumière parvient à filtrer à travers l'épaisse canopée. En Afrique centrale, l'okapi parcours la forêt seul ou par deux, broutant le feuillage en hauteur. Ce grand mais méfiant mammifère, cousin des girafes, ne fut découvert qu'en 1901.

Les marques du pelage diffèrent d'un individu à l'autre.

◄ AU SOL LA NUIT

L'ocelot est un prédateur nocturne des forêts denses d'Amérique centrale et du Sud. Ce chasseur furtif s'attaque à une large gamme de proies : oiseaux, reptiles, mammifères tels que chauves-souris, rongeurs, et même de petits cervidés. Agile grimpeur, il chasse aussi bien au sol que dans l'étage intermédiaire, se servant de sa vue, de son odorat et de son ouïe. Les ocelles de son pelage lui ont valu son nom.

DANS LES FORÊTS TEMPÉRÉES

Les forêts tempérées feuillues et résineuses abritent moins d'espèces que les forêts pluviales tropicales, mais restent riches en mammifères. Les conditions y sont plus variables que sous les tropiques, avec des étés chauds ou doux, des hivers doux ou froids. Dans la forêt feuillue, la plupart des arbres sont caduques : ils perdent leurs feuilles en automne et acquièrent un nouveau feuillage au printemps. La plupart des mammifères mettent bas et élèvent leurs jeunes pendant la belle saison, lorsque la nourriture est abondante. Lorsqu'on remonte vers les hautes latitudes, dans l'hémisphère Nord, où les hivers sont plus rudes, la forêt feuillue cède la place à la forêt résineuse dont les arbres gardent leurs feuilles en hiver, offrant abri aux animaux.

▲ LE SANGLIER, UN OMNIVORE
Dans les forêts tempérées, en automne, les feuilles qui tombent des arbres caduques pourrissent au sol pour former un riche humus. Habitant des forêts d'Europe et d'Asie, le sanglier retourne cette litière feuillue et la terre en dessous, se servant de son groin (nez) sensible pour y trouver les racines, les glands, les noix, les champignons et toutes sortes de petits animaux dont il se nourrit.

FORÊTS TEMPÉRÉES – 27% DE LA SURFACE TERRESTRE

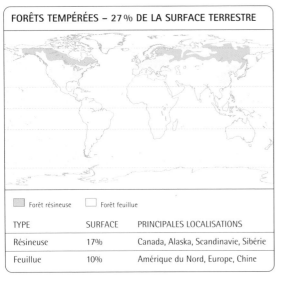

☐ Forêt résineuse ☐ Forêt feuillue

TYPE	SURFACE	PRINCIPALES LOCALISATIONS
Résineuse	17%	Canada, Alaska, Scandinavie, Sibérie
Feuillue	10%	Amérique du Nord, Europe, Chine

LE BLAIREAU, UN AUTRE OMNIVORE ▶
À la tombée de la nuit, le blaireau sort de sa tanière, un terrier à plusieurs bouches et plusieurs chambres souterraines reliées par des galeries. Présent dans les forêts caduques d'Europe et d'Asie, il se nourrit d'aliments variés : fruits, glands, champignons et racines, vers, insectes, batraciens, lézards et petits mammifères. Mais l'hiver, les forêts dépourvues de feuillage offrent peu de nourriture aux animaux. À cette période de l'année, le blaireau entre non pas en hibernation mais en vie ralentie, sortant irrégulièrement de sa tanière.

Grâce à ses fortes griffes, le blaireau creuse à la recherche de vers de terre.

◀ L'ÉLAN
Une vaste bande de forêts de conifères, appelée taïga, ceinture l'hémisphère Nord entre le 45e et le 65e parallèles. Ces forêts froides abritent des milliers de lacs et de tourbières. L'élan vit aux abords de ces milieux humides. En été, il passe beaucoup de temps dans l'eau pour se nourrir de plantes flottantes et échapper aux insectes piqueurs. C'est le plus grand cervidé du monde, les mâles pouvant atteindre 450 kg.

DANS LES ARBRES PERCHÉS ►

La forêt tempérée aussi est divisée en plusieurs
strates végétales, la strate arbustive étant
occupée par les arbustes, les jeunes arbres et
les troncs des grands arbres matures. Les ours à
collier, une espèce asiatique, passent leur temps
entre cette zone et le sol forestier. Leurs fortes
griffes les aident à se hisser dans les arbres.
Comme la plupart des ours, leur régime
alimentaire est omnivore et varie selon
la saison : bourgeons, feuilles, insectes,
baies, glands, etc.

@ Forêt tempérée

▲ UNE GRIMPEUSE ARBORICOLE

Les arbres des forêts tempérées dépassent
rarement 30 m de haut. Le feuillage de la strate
arborescente, la plus élevée, est moins dense que
la canopée des forêts pluviales. Une plus grande
quantité de lumière atteint donc le sol. La martre
des pins, ci-dessus, est un petit prédateur
arboricole des forêts feuillues et résineuses.
Les petits rongeurs représentent le plus gros
de son régime alimentaire, complété par
des oiseaux et, de l'été à l'automne,
beaucoup de fruits et d'insectes.

*Grands yeux
offrant une
excellente vision
pour juger les
distances*

*Longue queue jouant
le rôle de balancier*

*Épaisse fourrure
laineuse, isolante
par temps de neige*

▲ PETITS ACROBATES

Beaucoup de petits mammifères
des forêts tempérées sont de bons
grimpeurs, mais il n'en est guère de
plus agiles que les écureuils arboricoles.
Ces gracieux rongeurs construisent un nid
dans la haute fourche d'un arbre ou dans un
tronc creux, selon les espèces. Leurs griffes pointues
leur permettent d'agripper l'écorce tandis qu'ils courent
et sautent le long des branches et des troncs. En automne,
l'écureuil gris, ci-dessus, s'active à constituer des réserves
de glands qu'il enterre pour l'hiver. Ceux qu'il oublie jailliront
en nouvelles pousses au printemps.

LE PANDA GÉANT

Le panda géant habite les forêts tempérées des montagnes
de la Chine centrale, où les bambous sont abondants.
Il s'en nourrit presque exclusivement – pousses, feuilles
et tiges –, bien qu'il consomme aussi, à l'occasion,
des charognes, des larves et des œufs. Une projection
osseuse au niveau de son poignet forme une sorte de
pouce, permettant à l'animal de saisir les tiges de bambou.
Ce végétal fibreux et coriace est difficile à digérer et peu
nourrissant, et l'animal doit passer jusqu'à 18 heures
par jour à s'alimenter.

La fourrure très contrastée du panda peut laisser croire
qu'elle rend l'animal très visible, mais la façon dont
les deux couleurs sont réparties a pour effet de briser
sa silhouette, le rendant difficile à apercevoir dans
la végétation. Le panda est un ours solitaire qui
se reproduit très lentement. Il en subsisterait
1 600 individus environ à l'état sauvage mais
ses effectifs semblent en augmentation.

DANS LES PRAIRIES

Les grands milieux de prairie s'étendent dans des régions arrosées situées souvent entre des zones de forêts et des zones plus sèches occupées par des déserts ou semi-déserts. Elles sont de deux grands types : les praires tempérées, comme la grande prairie américaine ou les steppes d'Asie, et les prairies tropicales, appelées savanes. Les prairies nourrissent un très grand nombre d'animaux : grands ongulés herbivores, comme les antilopes et le bison, qui vivent en troupeaux, prédateurs comme le lion et le guépard, charognards comme les chacals.

PRAIRIES — 17 % DE LA SURFACE TERRESTRE

Prairies tempérées   Prairies tropicales

TYPE	SURFACE	PRINCIPALES LOCALISATIONS
Tempérées	7 %	Australie, Russie, Chine, Amérique du Nord
Tropicales	10 %	Afrique sub-saharienne, Brésil, Mexique

Colonne vertébrale très souple, permettant de très longues foulées

@ ▶▶ Savane

LES ALLURES DES MAMMIFÈRES

L'AMBLE
Pour bon nombre de mammifères des prairies, la vitesse est importante. Dans un milieu où la végétation offre peu de couvert pour se dissimuler, une course rapide offre souvent les meilleures chances d'attraper une proie ou d'échapper à un prédateur. Certains mammifères, comme ce mara sud-américain (un rongeur proche des cobayes), pratiquent l'amble, qui consiste à avancer simultanément les pattes avant et arrière d'un même côté. Girafes, chameaux et éléphants vont aussi à l'amble.

LE TROT
En cas de danger, les animaux à sabots, comme ce zèbre, se lancent d'abord au trot, puis accélèrent en adoptant le petit galop, puis enfin le grand galop. Un mammifère qui trotte relève simultanément une patte avant et la patte arrière du côté opposé. Les sabots des zèbres sont constitués d'une enveloppe cornée protectrice doublée, entre celle-ci et l'os, d'un tampon de graisse agissant comme un absorbeur de chocs lorsqu'il est en pleine course. Les chiens, par exemple, pratiquent aussi le trot.

◀ CHAMPION TERRESTRE TOUTES CATÉGORIES
Le guépard, habitant des plaines d'Afrique, est l'animal terrestre le plus rapide. À la poursuite d'une proie, il peut dépasser les 100 km/h en vitesse de pointe. Mais il ne peut les tenir que pendant 20 secondes environ ; au-delà, son organisme commence à surchauffer. Il tire ses capacités à la vitesse de ses longues pattes puissantes et de sa colonne vertébrale très souple, qui ploie à chaque foulée.

Les griffes font office de crampons.

*Longue queue
équilibrant le corps*

*Les grands mâles
franchissent une dizaine
de mètres d'un seul bond.*

▲ PAR BONDS ET PAR SAUTS

Dans l'«outback» australien, l'arrière-pays chaud et sec, les prairies se mêlent à d'immenses surfaces de brousse poussiéreuse. Pour y survivre, les kangourous doivent parcourir de grandes distances. Ils se déplacent en bondissant sur leurs pattes postérieures longues et musclées, qui agissent comme des ressorts. Ils progressent ainsi confortablement à 20 km/h en vitesse de croisière, et jusqu'à 50 km/h en vitesse de pointe pour échapper au danger.

MENACES SUR LES MAMMIFÈRES DES PRAIRIES

*Cornes pointées
vers l'avant*

*Le rhinocéros noir
peut charger
à 45 km/h.*

*La peau grise
prend la couleur
de la boue où
l'animal se roule.*

DANS LA GRANDE PRAIRIE
Nombre de mammifères des prairies sont menacés par la destruction des habitats et par la chasse. Jadis, en Amérique du Nord, d'immenses troupeaux de bisons parcouraient les prairies. Au cours du XIXe siècle, les colons européens s'étendirent vers l'Ouest et détruisirent les bisons par millions. L'espèce faillit disparaître. De petits troupeaux survivent de nos jours dans des parcs et des réserves.

LE SPRINGBOK D'AFRIQUE
Les herbivores, comme ces antilopes springboks, sont plus en sécurité en grands troupeaux, car il s'y trouve toujours des animaux pour donner l'alerte en cas de danger pendant que les autres broutent. Les springboks étaient jadis des millions dans les savanes du sud de l'Afrique. Mais avec l'expansion humaine, les plus grands troupeaux actuels atteignent à peine les 1 500 individus.

LES GNOUS MIGRATEURS
Comme les springboks, les gnous paissent en vastes troupeaux, souvent en compagnie des zèbres. Ils effectuent de longues migrations à travers les savanes africaines à la recherche de l'herbe fraîche qui surgit après les pluies, et mettent bas en février, quand les pâturages sont bien garnis. Mais leurs axes migratoires traditionnels sont aujourd'hui souvent coupés par des routes et des clôtures agricoles.

▲ POIDS LOURDS ET MAUVAIS CARACTÈRE

Les savanes d'Afrique accueillent les plus grands mammifères terrestres, parmi lesquels le rhinocéros noir (ci-dessus) et le rhinocéros blanc. Les deux espèces ne se nourrissent pas de la même manière. Le rhinocéros noir utilise sa lèvre supérieure pointue pour arracher les feuilles des arbustes. Le rhinocéros blanc a une lèvre carrée parfaite pour brouter l'herbe au sol. Les rhinocéros sont des animaux ombrageux qui chargent facilement au moindre dérangement.

DANS LES DÉSERTS

Les mammifères qui habitent les milieux désertiques ont dû s'adapter aux hautes températures et trouver un moyen de se procurer et économiser l'eau dont ils ont besoin. Durant la journée, les plus petits d'entre eux se cachent sous le sable ou les rochers pour se mettre à l'abri de la chaleur. Ils émergent à la faveur de la fraîcheur de la nuit et partent à la recherche de nourriture et d'eau. Les grands mammifères, quant à eux, ne peuvent s'abriter facilement et doivent affronter le soleil brûlant. Ils ont souvent un poil très pâle qui renvoie l'énergie solaire et évite qu'ils surchauffent.

LA VALLÉE DE LA MORT LE JOUR ▲
La Vallée de la Mort, en Californie, est le désert le plus chaud et le plus sec du continent nord-américain. En surface, l'eau des sources et des rares pluies s'évapore immédiatement, laissant des sels qui tuent toute vie végétale.

90 °C

Le sol grésille à 88 °C. — *Température de l'air : 49 °C à l'ombre.* — *Les mares salées atteignent 35 °C.*

▲ DU PLUS CHAUD AU PLUS FROID
Dans les déserts du monde, la plus haute température, 88 °C, a été relevée dans le sol de la Vallée de la Mort, et la plus basse, –20 °C, dans les déserts polaires des vallées sèches d'Antarctique.

◄ LES ÉCUREUILS TERRESTRES
Les mammifères de petite taille ont plus de difficultéss à réguler leur température interne que les gros. La plupart de ceux qui vivent dans les déserts résolvent ce problème en passant la journée à dormir dans leurs terriers et en étant actifs la nuit. Mais les écureuils sont des animaux diurnes. L'écureuil fouisseur du Cap a trouvé une façon de se protéger en partie du soleil : il porte sa queue touffue ramenée au-dessus de son dos, comme un parasol.

LES ADAPTATIONS DES CAMÉLIDÉS

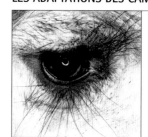

DES PROTECTIONS OCULAIRES
Dans les déserts, les particules de sable et de poussière portées par les tempêtes de vent peuvent endommager les yeux. Pour les protéger, les camélidés ont une double rangée de longs cils sur chaque paupière. En outre, sous les deux paupières habituelles, une troisième paupière balaie et nettoie la cornée d'un côté à l'autre.

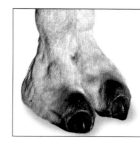

LE NEZ ET LA BOUCHE
La plupart des mammifères rejettent de l'eau en expirant. Les camélidés, eux, recyclent cette humidité. Grâce à des muscles spéciaux, ils peuvent ouvrir et fermer leurs narines à volonté pour protéger leurs voies respiratoires des vents de sable. Leur lèvre supérieure est fendue en deux parties mobiles indépendamment pour brouter sans peine des plantes épineuses.

LES PIEDS
Les pieds des chameaux sont larges et souples. La plante est constituée par un épais coussinet fibreux et élastique qui isole de la chaleur, amorti par une couche de graisse entre elle et les os. Cette structure permet au pied de s'étaler à chaque pas et à répartir la pression du corps de l'animal sur les sols sableux meubles, l'empêchant de s'enfoncer.

La bosse accumule des réserves d'énergie sous la forme de dépôts graisseux.

Les yeux sont protégés du sable par une paupière et des cils supplémentaires.

La bouche est adaptée à la consommation de plantes coriaces ou épineuses.

Les longues pattes tiennent le corps à bonne distance du sol surchauffé.

Les pieds souples empêchent l'animal de s'enfoncer dans le sable.

◄ TAILLÉS POUR LE DÉSERT
Le dromadaire, qui n'a qu'une bosse, et son cousin, le chameau de Bactriane, qui en a deux, disposent de mécanismes physiologiques spéciaux leur permettant de vivre par forte chaleur. Grâce à une adaptation particulière de leurs globules rouges sanguins, ils peuvent perdre le tiers de leurs liquides corporels sans dommages. Ils ne suent presque pas, économisant ainsi leur eau, et leur température interne peut s'élever jusqu'à 45 °C sans que cela ne leur pose de problème.

LES BOSSES
Les camélidés constituent des réserves quand la nourriture est abondante. Toutes les calories en excès sont converties en graisse stockée dans les bosses dorsales. Les chameaux peuvent alors parcourir de longues distances en vivant sur leurs réserves, sans manger ni boire car les réactions chimiques de transformation de la graisse fabriquent également de l'eau.

▲ LE DÉSERT LA NUIT

Dans tous les déserts, la nuit est froide. À l'aube, la majeure partie de la chaleur emmagasinée par le sol le jour précédent s'est échappée dans l'atmosphère. Durant ses nuits les plus froides, la Vallée de la Mort peut atteindre −9,4 ˚C.

LES DÉSERTS — 12 % DE LA SURFACE TERRESTRE		

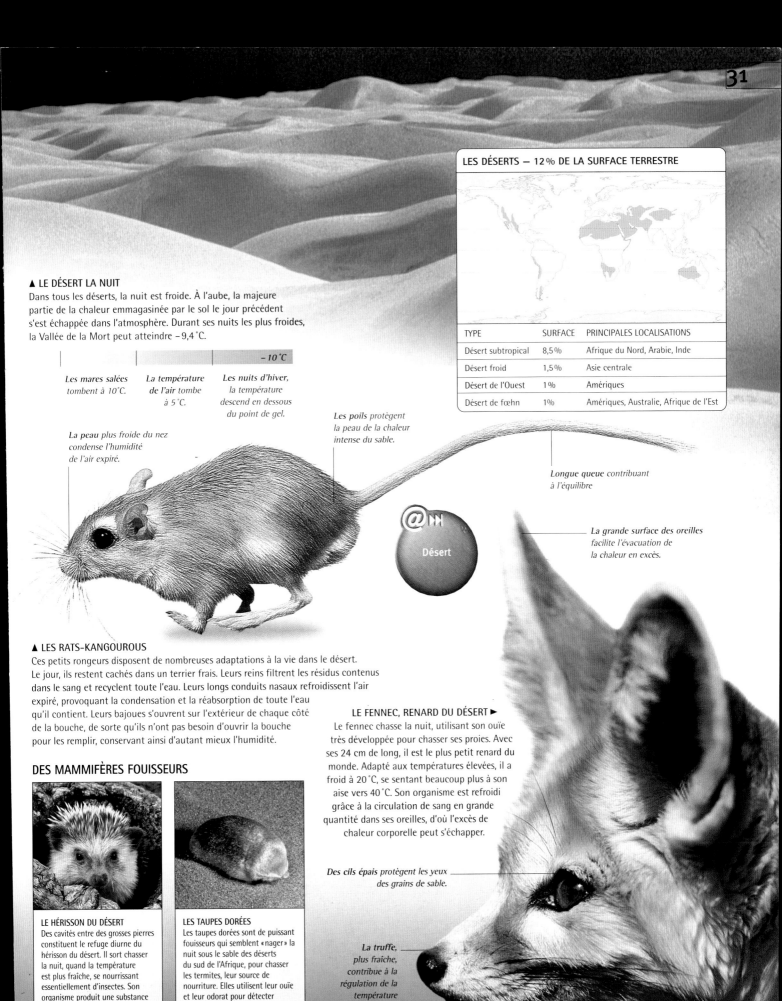

TYPE	SURFACE	PRINCIPALES LOCALISATIONS
Désert subtropical	8,5 %	Afrique du Nord, Arabie, Inde
Désert froid	1,5 %	Asie centrale
Désert de l'Ouest	1 %	Amériques
Désert de fœhn	1 %	Amériques, Australie, Afrique de l'Est

− 10 ˚C

Les mares salées tombent à 10 ˚C.

La température de l'air tombe à 5 ˚C.

Les nuits d'hiver, la température descend en dessous du point de gel.

Les poils protègent la peau de la chaleur intense du sable.

La peau plus froide du nez condense l'humidité de l'air expiré.

Longue queue contribuant à l'équilibre

@IMI
Désert

La grande surface des oreilles facilite l'évacuation de la chaleur en excès.

▲ LES RATS-KANGOUROUS

Ces petits rongeurs disposent de nombreuses adaptations à la vie dans le désert. Le jour, ils restent cachés dans un terrier frais. Leurs reins filtrent les résidus contenus dans le sang et recyclent toute l'eau. Leurs longs conduits nasaux refroidissent l'air expiré, provoquant la condensation et la réabsorption de toute l'eau qu'il contient. Leurs bajoues s'ouvrent sur l'extérieur de chaque côté de la bouche, de sorte qu'ils n'ont pas besoin d'ouvrir la bouche pour les remplir, conservant ainsi d'autant mieux l'humidité.

DES MAMMIFÈRES FOUISSEURS

LE FENNEC, RENARD DU DÉSERT ▶

Le fennec chasse la nuit, utilisant son ouïe très développée pour chasser ses proies. Avec ses 24 cm de long, il est le plus petit renard du monde. Adapté aux températures élevées, il a froid à 20 ˚C, se sentant beaucoup plus à son aise vers 40 ˚C. Son organisme est refroidi grâce à la circulation de sang en grande quantité dans ses oreilles, d'où l'excès de chaleur corporelle peut s'échapper.

Des cils épais protègent les yeux des grains de sable.

LE HÉRISSON DU DÉSERT

Des cavités entre des grosses pierres constituent le refuge diurne du hérisson du désert. Il sort chasser la nuit, quand la température est plus fraîche, se nourrissant essentiellement d'insectes. Son organisme produit une substance antipoison qui lui donne 40 fois plus de chances de survivre à une piqûre de scorpion que les autres animaux de taille similaire.

LES TAUPES DORÉES

Les taupes dorées sont de puissant fouisseurs qui semblent «nager» la nuit sous le sable des déserts du sud de l'Afrique, pour chasser les termites, leur source de nourriture. Elles utilisent leur ouïe et leur odorat pour détecter la présence de la nourriture ou d'un danger. Leurs yeux, inutiles, sont cachés sous une épaisse couche de peau et de poils.

La truffe, plus fraîche, contribue à la régulation de la température interne.

Milieu polaire

◄ UNE ÉPAISSE FOURRURE
Le froid est le premier ennemi des animaux polaires et montagnards. Comme tous les mammifères de l'Arctique, l'ours polaire porte une épaisse fourrure qui l'isole des températures et des vents glacials. Il passe le plus clair de son temps dans l'eau ou à roder sur les glaces flottantes, chassant ses proies principales que sont les phoques. Une épaisse couche de graisse sous la peau l'aide également à maintenir sa température corporelle.

La fourrure recouvrant la plante des pieds contribue à la conservation de la chaleur interne.

AUX PÔLES ET DANS LES MONTAGNES

Les régions polaires et les hautes montagnes sont des milieux très rudes qui connaissent de courts étés froids et de longs hivers glacials. Près des pôles, la nuit hivernale dure des mois. Néanmoins, l'Arctique est assez peuplée en mammifères car ici, l'immense terre dépourvue d'arbres, appelée toundra, est reliée aux terres plus chaudes situées plus au sud. Le vaste continent Antarctique, lui, est trop isolé et trop hostile pour que des mammifères y vivent, mais les phoques et les baleines fréquentent les mers qui le bordent. Quant aux mammifères des montagnes, ils doivent, outre le froid, faire face à un air raréfié et au rayonnement solaire intense.

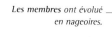

Les membres ont évolué en nageoires.

◄ PROTECTION THERMIQUE
Les mammifères marins ont besoin d'une meilleure isolation que les animaux terrestres car dans l'eau, la déperdition de chaleur est plus grande que dans l'air. Les baleines et les phoques, comme ce phoque veau marin, possèdent donc, sous la peau, une épaisse couche de graisse isolante appelée lard. En outre, lorsqu'il fait froid, les vaisseaux sanguins qui irriguent le lard se contractent, réduisant la circulation du sang et la déperdition de chaleur.

▲ COMME SUR DES RAQUETTES
Les pieds du lièvre d'Amérique sont abondamment couverts de poils qui répartissent son poids sur une large surface et, comme des raquettes, l'empêchent de s'enfoncer lorsqu'il court sur la neige poudreuse. Comme son cousin le lièvre arctique, il possède des oreilles et des pattes plus courtes que les autres lièvres vivant dans des régions plus chaudes. Cela lui permet de réduire la surface d'échange avec l'air froid et de mieux conserver sa chaleur corporelle.

UN CAMOUFLAGE ADAPTABLE

L'HERMINE EN PELAGE D'HIVER
L'hermine est un petit prédateur dont l'aire de répartition remonte jusque dans l'Arctique. Les individus qui vivent dans ces régions, où la neige recouvre le sol l'hiver, acquièrent à l'automne un pelage plus épais et entièrement blanc, mis à part le bout de la queue qui est noir. Ils restent ainsi camouflés et peuvent continuer de chasser des proies comme les lemmings.

L'HERMINE EN PELAGE D'ÉTÉ
Au printemps, l'hermine mue, perdant sont épais pelage d'hiver. Son pelage d'été, plus fin, devient brun rouge sur le dessus et crème sur le ventre, beaucoup moins visible sur les rochers et les herbes de la toundra quand la neige a fondu. Le lièvre variable, le lièvre d'Amérique, le renard arctique et la belette changent aussi de couleur, passant du gris ou brun en été au blanc en hiver.

Queue de 40 cm pouvant couvrir plus de la moitié du corps

Plante des pieds poilue réduisant les pertes de chaleur

LES PÔLES ET LES HAUTES MONTAGNES

■ Hautes montagnes	□ Régions polaires	
TYPE	SURFACE	PRINCIPALES LOCALISATIONS
Montagnes	24%	Amériques, Asie centrale, Afrique de l'Est, Europe
Régions polaires		L'Antarctique couvre 9% de la surface terrestre. La surface glacée de l'Arctique varie avec les saisons.

▲ ADAPTÉ AU FROID

Le renard arctique est capable de rester actif dans des conditions climatiques auxquelles la plupart des mammifères ne pourraient survivre. Son pelage blanc ou gris-bleu d'hiver est deux fois plus dense que son pelage brun d'été, avec des poils de garde doublés d'une fine sous-fourrure. Avec ses petites oreilles arrondies et bien poilues réduisant les déperditions de chaleur, et ses pieds à la plante garnie de poils qui l'isolent et l'empêchent de glisser sur la neige, il est bien adapté aux régions froides. Lorsqu'il dort, il s'enveloppe dans sa longue queue touffue pour se protéger.

LES MAMMIFÈRES DES MONTAGNES ▶

Le yak peut survivre à des altitudes plus élevées que la plupart des autres animaux, jusqu'à 6 000 m dans l'Himalaya, en Asie. Sa fourrure est constituée de longs poils de garde qui le protègent contre le vent et la neige, et d'une sous-fourrure dense qui emprisonne une couche d'air chaud au contact de la peau. Sur les flancs des hautes montagnes s'étagent différents milieux où se répartissent les animaux selon leurs préférences. Ainsi, les sangliers, ours et cerfs occupent les forêts, tandis que les chèvres (bouquetins, chamois) et les ovins (mouflons) fréquentent les pentes herbeuses au-dessus de la limite des arbres.

Le yak perd si peu de sa chaleur corporelle que la neige ne fond pas sur sa fourrure.

Les cornes incurvées sont une arme contre les prédateurs.

Mâles et femelles portent des cornes.

Les poils de garde descendent presque jusqu'au sol.

▲ LE PIED MONTAGNARD

Les ongulés, comme ce mouflon à manchettes, ont des sabots dont l'enveloppe de corne dure aux arêtes vives protège une plante souple, agissant un peu comme une ventouse, pour assurer leur prise sur les surfaces rocheuses. Des callosités autour des genoux les protègent des meurtrissures lorsqu'ils se couchent. La plupart des mammifères de haute montagne ont un cœur et des poumons de grande taille qui leur permettent de survivre en altitude, où l'air est pauvre en oxygène.

DANS LES OCÉANS

Les mammifères ont évolué sur la terre ferme à partir des reptiles, mais plus tard, certains groupes revinrent à l'océan et s'adaptèrent à un mode de vie aquatique. Trois groupes de mammifères se rencontrent dans les océans : les pinnipèdes (phoques, otaries et morses), les cétacés (baleines et dauphins) et les siréniens (dugongs et lamantins). Les cétacés et les siréniens sont exclusivement aquatiques, donnant naissance à leurs petits dans la mer. Quant aux pinnipèdes, s'ils passent la majeure partie de leur vie dans l'eau, ils reviennent à terre pour se reposer, se reproduire et mettre bas.

@ ▶▶
Mammifère
marin

La queue des cétacés est divisée en deux lobes symétriques.

▲ LES CÉTACÉS

De tous les mammifères marins, les cétacés sont ceux qui ressemblent le plus aux poissons. Mais la ressemblance s'arrête à l'allure générale car il s'agit d'animaux très différents. Leurs membres postérieurs ont disparu afin d'améliorer la pénétration dans l'eau, tandis que leurs membres antérieurs ont évolué en forme de nageoires qui leur servent à se diriger. Contrairement à celle des poissons, la palmure de leur queue est horizontale. La queue s'élève et s'abaisse en permanence durant la nage, suivant les ondulations du corps, ce qui a pour effet de propulser l'animal. Presque entièrement dépourvus de poils, les cétacés sont isolés du froid par une épaisse couche de lard située sous la peau.

Chez les otaries, les puissantes nageoires antérieures servent à la propulsion.

Les pattes postérieures palmées des otaries servent à se diriger.

Corps hydrodynamique glissant facilement sous l'eau

LES PINNIPÈDES ▲

Le mot pinnipède signifie « pieds en forme de nageoires ». Les membres de ces animaux ont, en effet, évolué en larges palmes pour prendre appui sur l'eau. Leur corps présente une silhouette hydrodynamique. Les pinnipèdes se divisent en trois sous-groupes : celui des phoques, celui des otaries et celui du morse. Les phoques utilisent leurs membres postérieurs pour se propulser tandis que les otaries se servent de leurs nageoires antérieures. Les otaries sont restées agiles à terre, se déplaçant sur leurs membres, alors que les phoques, dont les membres ne sont pas assez puissants pour les porter, s'y déplacent en rampant.

▲ LES CÉTACÉS À DENTS (ODONTOCÈTES)

Les cétacés se divisent en deux groupes. Celui des cétacés à dents, ou odontocètes, est de loin le plus nombreux, réunissant 90 % des espèces. Il comprend les cachalots, les baleines à bec, les bélougas, les dauphins, les marsouins et les dauphins d'eau douce. L'orque, ci-dessus, fait partie des dauphins. Tous les odontocètes sont des carnivores, se nourrissant de proies telles que calmars, poissons, mollusques. L'orque a de puissantes mâchoires garnies de dents pointues orientées vers l'arrière.

RESPIRER QUAND ON VIT DANS L'EAU

LE SOUFFLE

Comme tous les mammifères, ceux qui vivent dans la mer sont dotés de poumons. Ils respirent donc de l'air et doivent, pour cela, remonter régulièrement à la surface. L'évent (narines) des cétacés se situe au sommet de leur crâne. Après une plongée, ils émergent et éjectent l'air vicié qui forme alors une colonne mélangée de vapeur d'eau.

EN SCAPHANDRE AUTONOME

Les muscles des cétacés stockent de l'oxygène en grande quantité et ces animaux peuvent donc rester sans respirer sous l'eau pendant de longues périodes. En comparaison, l'homme ne peut guère retenir sa respiration plus de deux minutes. Pour explorer les profondeurs marines, ils doit donc emporter une réserve d'air dans des bouteilles.

▲ LES CÉTACÉS À FANONS (MYSTICÈTES)

Chez les mysticètes, qui comprennent la baleine grise, les baleines franches et les rorquals, parmi lesquels figure la baleine à bosse (ci-dessus), les dents sont remplacées par des fanons. Il s'agit de longues plaques cornées et frangées de poils qui pendent de la mâchoire supérieure. Elles agissent comme une passoire géante pour filtrer les petits animaux du plancton marin, comme le krill, ou bien des petits poissons. Pour se nourrir, une baleine engouffre une énorme gorgée d'eau, referme sa bouche puis, la comprimant avec sa langue, force l'eau à en ressortir en passant à travers les fanons. Ceux-ci piègent le plancton qu'il ne reste plus qu'à avaler.

▼ LE MORSE

Le morse forme un groupe de pinnipèdes à lui seul mais se rapproche, par sa morphologie, des otaries. Ce mammifère ne se rencontre que dans l'Arctique. L'un de ses traits distinctifs sont ses longues défenses, que portent mâles et femelles. Elles lui servent à gratter le fond de la mer à la recherche des coquillages dont il se nourrit, et peuvent constituer des armes redoutables en cas de besoin. Avec plus de 1 300 kg, le morse mâle est le deuxième plus gros pinnipède après le mâle d'éléphant de mer. La moitié de son poids est constitué de lard.

Longs poils sensitifs appelés vibrisses sur le museau

Peau rougeâtre couverte de poils grossiers

Membres postérieurs pouvant se replier vers l'avant sous le corps pour les déplacements à terre

Peau épaisse marquée de profonds replis

Nageoires antérieures servant à la propulsion

DANS LES EAUX DOUCES

Les milieux d'eau douce tels que les lacs, rivières et marais accueillent certains mammifères. On trouve parmi ceux-ci des animaux aussi divers que des campagnols, des musaraignes, les lamantins, les hippopotames, des dauphins, etc. Parmi ceux-ci, les lamantins et les dauphins de rivière sont les seuls qui soient entièrement aquatiques. Dépourvus de membres postérieurs, ils ne viennent jamais à terre et leur morphologie est très différente de celle des mammifères terrestres. Les autres sont, fondamentalement, des espèces terrestres ayant acquis un mode de vie plus ou moins aquatique. Ils présentent souvent des adaptations à l'élément liquide telles qu'une épaisse fourrure imperméable, des pattes palmées et une queue musclée servant de propulseur ou de gouvernail.

UNE PROMENADE AU FOND DE L'EAU ▶
L'hippopotame passe jusqu'à 18 heures par jour immergé dans l'eau des rivières et des lacs d'Afrique. Il s'y déplace fréquemment en immersion totale en marchant sur le fond. Dans la journée, l'animal reste dans l'eau afin de s'abriter du redoutable soleil tropical et se maintenir au frais ; sa peau, qui porte très peu de poils, s'assécherait vite hors de l'eau. À la nuit tombée, il vient à terre brouter les plantes des berges.

Les pattes en forme de piliers supportent le poids de l'animal lorsqu'il est à terre.

L'eau supporte le poids de l'hippopotame lorsqu'il est en immersion.

LES MUSARAIGNES AQUATIQUES

La plupart des musaraignes sont des animaux terrestres, mais quelques-unes sont amphibies et chassent dans les eaux douces. Elles plongent fréquemment à la recherche de petits poissons et d'invertébrés aquatiques. Ces espèces de petite taille ont besoin de beaucoup s'alimenter pour maintenir leur température dans l'eau ; certaines ont besoin d'ingérer leur propre poids de nourriture par jour. Leur poil soyeux est imperméable. Des franges de poils raides en bordure des pieds et de la queue contribuent à la natation et à la plongée. Chez les plus petites espèces, elles leur permettent même de courir sur l'eau sur de courtes distances, soutenues par la tension de surface.

◄ DES MAÎTRES BÂTISSEURS

Les castors sont de gros rongeurs vivant sur les lacs et les rivières d'Europe et d'Amérique du Nord. Ils construisent des barrages de bois en travers des cours d'eau pour créer des retenues dans lesquelles ils bâtissent leurs huttes et leurs terriers. Les castors possèdent une épaisse fourrure, composée de poils de garde et d'un fin sous-poil, qui les maintient au chaud dans et hors de l'eau. C'est ce qui leur a valu une chasse intensive aux XVIIIe et XIXe siècles par les trappeurs et les piégeurs, qui les tuèrent par millions.

LE BARRAGE DES CASTORS ►

Les castors sont parmi les rares animaux capables de modifier de façon importante leur environnement. Afin de maintenir un niveau des eaux suffisant pour assurer à leurs huttes et terriers des entrées subaquatiques, ils construisent des barrages sur les rivières avec des branches et des rondins provenant des arbres qu'ils abattent, et qu'ils entassent en travers du courant.

Barrage composé de branches et de troncs empilés par les castors

DES ANIMAUX ADAPTÉS À L'EAU

LES LAMANTINS

Les lamantins sont des créatures pacifiques vivant dans les rivières et les eaux côtières tropicales. Ces grands mammifères présentent un corps arrondi et de puissants membres antérieurs en forme de nageoires. Leur large queue aplatie est horizontale, comme celle des cétacés. Ils la déplacent alternativement de haut en bas pour se propulser sous l'eau.

L'ORNITHORYNQUE

L'ornithorynque habite les bords des cours d'eau de l'est de l'Australie. Il plonge à la recherche des petits animaux aquatiques dont il se nourrit : insectes, mollusques, batraciens et vers. Peu élégant sur la terre ferme, c'est un animal vif et gracieux sous l'eau. Ses pattes palmées et sa queue aplatie assurent sa propulsion. Sa douce fourrure peluchesue est imperméable.

Le large museau porte des vibrisses sensibles au toucher.

LES CASTORS

Les pattes palmées, le corps fuselé, la queue aplatie, les castors se déplacent aisément dans l'eau. Leur queue large et écailleuse fait office de gouvernail. Pour se propulser, ils rament vigoureusement de leurs pattes postérieures, gardant les antérieures collées contre le corps. En plongée, leurs oreilles et leurs narines se ferment pour empêcher l'eau d'entrer.

▼ RESPIRATION EN SURFACE

L'hippopotame peut rester environ cinq minutes sous l'eau sans respirer. Comme chez de nombreux animaux aquatiques, les yeux, les oreilles et les narines sont situées au sommet de la tête. Cela permet à l'animal de respirer en maintenant juste la partie supérieure de la tête hors de l'eau.

@ Eau douce

LES LOUTRES

Comme les autres mustélidés, les loutres ont un long corps fuselé et une petite tête évoquant celle des chiens. Ces carnivores sont d'énergiques chasseurs, qui poursuivent sous l'eau leurs proies telles que poissons, campagnols, crabes, grenouilles et escargots. Les pattes postérieures palmées servent à la propulsion, les antérieures griffues à maintenir les proies glissantes.

LES MAMMIFÈRES VOLANTS

Il existe des mammifères dits «volants» qui ne sont en fait que des planeurs, se servant de membranes de peau entre leurs membres comme de parachutes pour franchir, par les airs, des distances limitées. Les chauves-souris, sont les seuls mammifères capables de vol battu. Cela leur a permis de coloniser de lointaines îles océaniques, comme la Nouvelle-Zélande, que les autres mammifères ne pouvaient atteindre. Ce sont généralement des animaux nocturnes, qui se reposent le jour et cherchent leur nourriture la nuit.

◄ CHAUVES-SOURIS EN VOL

Le vol permet aux chauves-souris de se déplacer, d'échapper aux prédateurs et de trouver leur nourriture. La majorité se nourrissent d'insectes, qu'elle attrapent en vol. Dans les airs, ce sont des animaux extrêmement lestes, capables de virer sur l'aile et d'emprunter des passages étroits. Quoi qu'il en soit, le vol consomme beaucoup d'énergie. Les chauves-souris l'économisent en laissant s'abaisser leur température interne lorsqu'elles sont au repos.

Les rhinolophes ont une feuille nasale en forme de fer à cheval.

DES GRANDS ET DES PETITS ▲

L'ordre des chauves-souris, les chiroptères, est divisé en deux grands groupes. Celui des mégachiroptères regroupe les grandes espèces frugivores que sont les renards volants, dont l'envergure peut dépasser 1,50 m. Celui des microchiroptères réunit plus de 80% des espèces de chauves-souris, comme la minuscule kitti à nez de porc, de la taille d'un gros bourdon. La majorité sont insectivores, comme les rhinolophes (ci-dessus).

Les membranes prennent appui sur l'air.

Des réseaux de nerfs et de vaisseaux sanguins courent dans la membrane alaire.

◄ GROS PLAN SUR LA MAIN

L'aile d'une chauve-souris est une membrane constituée d'une double couche de peau tendue entre les membres et les côtés du corps. Les os des mains constituent une part importante de leur armature. D'ailleurs, le mot chiroptère signifie «main en forme d'aile». Les ailes sont mobilisées par des muscles situés dans la poitrine, les bras et le dos.

La queue touffue sert à freiner et à manœuvrer durant le vol plané.

◄ VOL PLANÉ

Les phalangers des forêts australiennes présentent, entre les pattes et le corps, des membranes couvertes de poils. Lorsqu'ils sautent d'un point élevé, ils étendent largement les membres. Les membranes prennent alors appui sur l'air et ces animaux planent sur une certaine distance, atterrissant en douceur. Mais il ne s'agit pas d'un véritable vol. Les galéopithèques et les écureuils volants planent également en utilisant des membranes similaires.

DES SENS ADAPTÉS

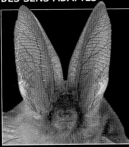

UNE OUÏE TRÈS FINE

Selon l'espèce, les chauves-souris localisent leur nourriture au moyen de l'ouïe, de l'odorat ou de la vue. Chez ces animaux, la taille d'organes comme les oreilles, le nez ou les yeux renseigne donc sur le sens dominant. Celles qui utilisent l'ouïe et le système d'écholocalisation, comme cet oreillard commun, ont souvent des oreilles bien développées.

LA RECHERCHE AU NEZ

Les chauves-souris frugivores du Nouveau Monde utilisent leur odorat très développé ainsi que leur vue pour trouver les fruits et le nectar dont elles se nourrissent. Elles se servent aussi cependant de l'écholocalisation pour se diriger dans le noir et leur système auditif reste bien développé. Leur feuille nasale en fer de lance servirait à renvoyer les sons vers les oreilles.

DE GRANDS YEUX POUR LE SOIR

On croit souvent que les chauves-souris sont aveugles. C'est faux. Toutes ont des yeux et certaines voient même très bien. C'est le cas des renards volants, friands de fruits et de nectar, qu'ils localisent à l'œil et à l'odeur. Les grands yeux de ces espèces leur permettent de tirer parti de la moindre luminosité lorsqu'elles s'envolent au crépuscule pour s'alimenter.

Ailes repliées sur les côtés au repos

Fourrure isolante

LES DORTOIRS DES CHAUVES-SOURIS ▲

Les chauves-souris passent les heures de la journée à se reposer dans les cavernes, les caves et les arbres creux. À la nuit tombée, elles quittent les lieux pour partir à la recherche de leur nourriture. Sous les climats froids, elles économisent leur énergie en hiver en hibernant dans ces dortoirs. Elles s'accrochent à la paroi par leurs pattes postérieures griffues, et se laissent pendre, les ailes repliées. Les sites les plus favorables peuvent accueillir plus de un million de chauves-souris qui se serrent les unes contre les autres.

@ ▸▸▸
Chauve-souris

La chauve-souris peut voler sur place devant la fleur.

Les os sont fins et légers pour faciliter le vol.

DES BUVEUSES DE NECTAR ▶

La plupart des chauves-souris sont insectivores, mais certaines attrapent des rongeurs, des grenouilles ou des lézards. Il en existe même qui capturent des poissons dans les plans d'eau. Les chauves-souris vampires consomment du sang. Mais les macrochiroptères et certains microchiroptères, comme ce glossophage de Pallas, se nourrissent de végétaux, sous la forme de fruits, de fleurs, de pollen et de nectar. Elles participent à la pollinisation des plantes en transportant le pollen de fleur en fleur.

Deux couches de peau enveloppent les os des doigts pour former l'aile.

La longue langue de l'animal atteint le fond de la fleur.

Les griffes facilitent la prise sur les parois.

Les fleurs pollinisées par les chauves-souris s'ouvrent la nuit.

LA VUE ET L'OUÏE

Pour tous les animaux, les fonctions sensorielles sont essentielles
à la survie. Les sens sont nécessaires pour localiser la nourriture
et communiquer avec les congénères. En outre,
ils font office de système d'alarme en cas de danger.
Les mammifères ont cinq sens : la vue, l'ouïe,
l'odorat, le goût et le toucher. Chez certains d'entre
eux, la vue et l'ouïe tiennent les premiers rôles.
Au cours de l'évolution, beaucoup ont développé des
oreilles et des yeux spécialisés, adaptés à leur mode de vie.

▼ UNE VISION PANORAMIQUE

Contrairement aux yeux de l'homme, ceux
du lapin sont situés de chaque côté de la tête
et regardent dans des directions opposées.
De ce fait, l'animal peut voir tout autour
de lui sans avoir à tourner la tête.
Les lapins fréquentent souvent
les milieux ouverts pour
se nourrir ; cette vision
panoramique leur
permet de déceler
un prédateur éventuel
avant qu'il n'ait eu
le temps d'attaquer.
Les lapins ont également une
excellente ouïe, qui prend le relais
lorsqu'ils sortent à la nuit tombée.

*Les champs de vision des deux yeux
ne se superposent pas.*

◄ UNE VISION TRIDIMENSIONNELLE

Comme tous les primates, ce galago a de grands yeux dirigés
vers l'avant. Où qu'il regarde, chacun de ses yeux voit en
même temps la même scène, mais de deux points de vue
légèrement différents. Ces deux images distinctes sont à l'origine
de la vision binoculaire. Celle-ci permet au galago de voir en
relief et, ainsi, de juger précisément les distances, une capacité
essentielle pour un animal qui vit dans les arbres et chasse les
insectes la nuit. L'homme, en bon primate, a aussi une vision
binoculaire tridimensionnelle.

*Les champs des deux
yeux se superposent,
offrant une vision
tridimensionnelle.*

ANATOMIE DE L'ŒIL HUMAIN

L'œil est un collecteur de lumière. La cornée et le cristallin font
converger les rayons lumineux sur la rétine, produisant une image
renversée qui est détectée par des cellules nerveuses sensibles à la
lumière. Celles-ci génèrent des influx nerveux qui voyagent, par le nerf
optique, jusqu'au cerveau, lequel en traite les informations (taille,
distance, couleur, etc.) et interprète l'image en la redressant. Chez les
autres mammifères, la qualité de l'image dépend de la position des
yeux, du nombre de cellules sensibles sur la rétine
et de la capacité à voir ou non
en couleur.

Rétine

Cornée

*Rayons lumineux
entrants*

*Le cristallin,
souple, change
de forme pour
effectuer la mise
au point.*

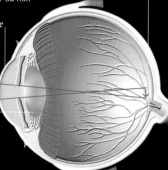

◄ QUAND LES YEUX BRILLENT

La nuit, les yeux du jaguar semblent s'allumer
d'une inquiétante lueur lorsqu'ils sont éclairés.
Cette brillance est due à une couche
réfléchissante présente derrière la rétine,
au fond de l'œil, appelée le tapetum lucidum.
Le tapetum lucidum renvoie vers la rétine les
moindres rayons lumineux pénétrant dans l'œil,
amplifiant ainsi les capacités de vision
de l'animal par faible luminosité. Le phénomène
est commun à de nombreux prédateurs,
tels les chats et les renards, par exemple.

*Ultrasons émis par
la chauve-souris*

*Les ultrasons rebondissent
sur un papillon proche,
créant un écho.*

*La chauve-souris
se guide sur l'écho
pour atteindre
sa proie.*

▲ L'ÉCHOLOCALISATION

Les chauves-souris insectivores chassent dans la nuit totale, se servant du son pour se diriger
et localiser leurs proies. Elles émettent des ultrasons par séries d'impulsions. Ces trains d'ondes
de haute fréquence rebondissent sur tout ce qui se trouve à proximité. Les chauves-souris captent
les échos en retour et leur cerveau les analyse pour fournir une «image» de leur environnement.
Elles peuvent ainsi localiser les éléments du décor et leurs proies. Cette manière d'utiliser le son pour
«voir» est appelée écholocalisation. Les chauves-souris s'en servent pour trouver leur chemin dans les
bâtiments vides ou les cavernes. C'est une technique extrêmement précise, mais qui n'est pas à toute
épreuve : certains papillons de nuit peuvent brouiller les signaux d'une chauve-souris en produisant
leurs propres ultrasons.

*Les grandes oreilles largement espacées
aident l'antilope à localiser l'origine du son.*

*De longs cils protègent l'œil
des rayons du soleil.*

*Un odorat très fin
permet de détecter
les prédateurs
situés dans le vent.*

@▸▸
Fonction
sensorielle

◄ EN ALERTE

Les oreilles tendues vers l'arrière,
cette antilope épie les bruits
qui pourraient trahir un danger.
Les pavillons, qui constituent la partie
externe de l'oreille, collectent le son
et le dirigent vers le canal auditif
et l'oreille interne, située dans le crâne.
Là, les ondes sonores sont converties
en signaux nerveux qui sont transmis
au cerveau. Les mammifères sont le seul
groupe animal possédant des oreilles
externes. Celles de l'homme sont fixes
mais elles sont mobiles chez de nombreux
mammifères, servant à localiser le son.
Leurs mouvements traduisent souvent
également l'humeur de l'animal.

LE SPECTRE D'AUDITION

RONGEURS – 1 000 À 100 000 HZ
La hauteur d'un son est liée
à sa fréquence. Les mammifères
n'entendent pas tous des sons
de même fréquence. Les rongeurs
captent des sons d'une fréquence
de 100 000 Hz (impulsions par
seconde), ce qui est beaucoup
trop aigu pour l'oreille humaine.
En revanche, ils n'entendent pas
les sons graves. Pour ces animaux,
la plupart des touches d'un piano
ne produisent aucune sonorité.

PHOQUES – 200 À 55 000 HZ
Contrairement à celle des
rongeurs, l'oreille des phoques
fonctionne aussi bien dans l'eau
que dans l'air. Le son voyage plus
loin dans l'élément liquide, et les
phoques s'en servent pour rester
en contact entre congénères
lorsqu'ils plongent pour se nourrir.
Ils captent très bien les sons aigus
et certains sont peut-être capables
de se servir de l'écholocalisation,
quoique cela n'ait pas été prouvé.

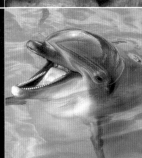

DAUPHINS – 70 À 150 000 HZ
Les dauphins sont les champions
de l'ouïe à très haute fréquence.
Comme les chauves-souris,
ils utilisent l'écholocalisation
et les ultrasons, qui produisent les
échos les plus clairs, pour chasser
et s'orienter. Les espèces marines
ont une assez bonne vue mais les
dauphins d'eau douce sont presque
aveugles. Le son est leur seul
moyen de «voir» dans les eaux
boueuses qu'ils habitent.

CHIENS – 40 À 46 000 HZ
Les chiens peuvent entendre
des sons beaucoup plus aigus que
l'homme. Les loups communiquent
par hurlements, des cris modulés
qui servent à rassembler et
conditionner la meute avant une
chasse, à maintenir sa cohésion
et à communiquer à distance.
Les renards, quant à eux, sont
capables de localiser un rongeur
à l'oreille, grâce aux cris aigus
qu'émet la proie.

HOMME – 20 À 20 000 HZ
Comparé à de nombreux
mammifères, l'homme a des
capacités auditives assez réduites.
Il entend bien les sons graves, mais
beaucoup moins bien les aigus.
Comme chez tous les mammifères,
son ouïe varie aussi avec l'âge.
Les enfants ont l'oreille très
sensible dans les aigus, mais en
vieillissant, les sons de haute
fréquence deviennent plus
difficiles à entendre.

ÉLÉPHANTS – 16 À 12 000 HZ
Les éléphants communiquent entre
eux par barrissements, mais ils
émettent également des infrasons,
sons de très basse fréquence, trop
graves pour être perçus par l'oreille
humaine. Eux peuvent les capter
jusqu'à 4 km de distance, ce qui
signifie que même hors de vue,
ils peuvent rester en contact.
En revanche, ils n'entendent pas
les sons aigus comme les chants
d'oiseaux ou d'insectes.

ODORAT, GOÛT ET TOUCHER

Pour l'homme, sentir est moins important que voir et entendre.
Mais pour le loup et nombre d'autres prédateurs, l'odorat est le plus
important des sens. Il peut guider une meute vers sa proie à travers
de vastes champs de neige, permettre d'identifier les congénères
et signaler quand un partenaire sexuel est prêt à s'accoupler.
Contrairement à l'odorat, le goût et le toucher ne fonctionnent
qu'à courte distance. Le goût permet de s'assurer que la
nourriture est bonne à manger. Les contacts tactiles, quant
à eux, interviennent dans toutes sortes
de situations, lorsqu'il faut juger de la largeur
d'un passage, par exemple, ou bien dans
certains signaux hiérarchiques.

◄ COMMENT FONCTIONNE L'ODORAT
Les narines du renard conduisent à la cavité nasale, dans
le crâne. Cette cavité est remplie de cornets, des os fins
comme du papier, couverts de cellules garnies de mucus.
Lorsque l'animal inspire, l'air passant sur les cornets est
réchauffé, humidifié et nettoyé. L'air en circulation
passe sur la membrane olfactive, garnie de cellules
sensorielles, qui détectent les différentes molécules
odorantes qu'il renferme. Celles-ci envoient alors
un signal au cerveau par le nerf olfactif,
où les informations sont traitées.

Truffe charnue

Lèvre

Cavité cérébrale *Sinus remplis d'air* *Cavité nasale occupée par les cornets*

SUR LA PISTE ►
Pour un loup, une piste
odorante est une mine
d'informations. Elle renseigne sur
la direction vers laquelle se dirige
la proie, la vitesse à laquelle elle
se déplace, depuis combien de temps
elle est passée. En sentant l'urine d'un
animal, le loup peut déterminer son sexe
et s'il est ou non en bonne santé.
Pour le prédateur, une proie en mauvaise
santé est plus facile à capturer.

DES MAMMIFÈRES AU NEZ ÉTRANGE

LE CONDYLURE À NEZ ÉTOILÉ
La plupart des taupes ont le nez
pointu mais le condylure à nez
étoilé, une espèce d'Amérique du
Nord, présente autour des narines
un anneau de 22 petits tentacules
charnus. Il s'en sert pour détecter
les vers et insectes dont il se
nourrit. Comparé aux autres taupes,
son odorat est peu développé mais
il a un excellent sens du toucher.

L'ÉCHIDNÉ D'AUSTRALIE
Cet animal a un bec allongé en
forme de crayon au bout duquel
se situent les narines. Il se nourrit
de termites, de fourmis et de vers,
qu'il détecte essentiellement par
l'odorat. Les échidnés utilisent
également ce sens pour s'orienter
et détecter les dangers. Leurs yeux
de petite taille leur procurent
une vision faible.

L'ORNITHORYNQUE
Le bec de l'ornithorynque est
idéalement adapté à la recherche
de proies dans l'eau boueuse.
Très sensible au toucher, il peut
également détecter les faibles
champs électriques qui entourent
les petits animaux vivants. Ce sens
électrique lui permet de localiser
des animaux enfouis dans les
fonds des cours et des plans d'eau.

LA LANGUE ET LES PAPILLES

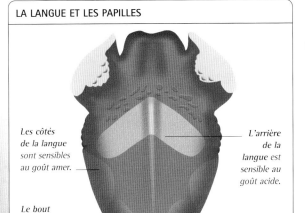

Les côtés de la langue sont sensibles au goût amer.

L'arrière de la langue est sensible au goût acide.

Le bout de la langue est sensible au goût sucré.

Les bords antérieurs sont sensibles au goût salé.

L'homme peut sentir des dizaines d'odeurs différentes mais ne perçoit que quatre goûts de base : le sucré, l'amer, le salé et l'acide. Ces goûts sont détectés par les papilles à la surface de la langue, qui sont des récepteurs sensoriels envoyant des signaux nerveux au cerveau. Même si la plupart des papilles sont sensibles aux quatre goûts à la fois, la détection de chacun est localisée en différentes parties de la langue. Le sens du goût seul ne suffit pas à identifier les différents types de nourriture. Pour apprécier pleinement la saveur d'un mets, l'odorat doit également intervenir.

TOUS LES GOÛTS SONT DANS LA NATURE ▶

Les carnivores, comme cette lionne, tuent et mangent de la chair fraîche qu'ils avalent par morceaux sans la mastiquer. On pense donc qu'ils n'ont pas un sens du goût très développé. Les ongulés, qui mastiquent souvent longuement leur nourriture, sont soupçonnés de disposer d'une sensibilité plus développée dans ce domaine. Les chevaux domestiques ont acquis un goût pour les choses sucrées. Ils adorent les carottes, par exemple, que les chevaux sauvages ne consomment jamais.

La langue nettoie le museau après le repas.

DES ANIMAUX TACTILES ▶

Pour se nourrir, le raton laveur saisit souvent les aliments entre ses pattes antérieures. Comme nos doigts humains, les siens sont munis de nombreuses terminaisons nerveuses sensibles à la pression, qui lui permettent d'ajuster sa prise. Contrairement au goût et à l'odorat, le toucher est un sens actif sur l'ensemble du corps du mammifère. Certains organes – comme les vibrisses – sont munis de détecteurs tactiles très sensibles, assistant les animaux quand ils doivent évoluer dans des espaces confinés, ou bien à la nuit tombée.

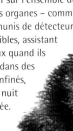

Fonction sensorielle

Longues vibrisses tactiles

◀ L'IMPORTANCE DU CONTACT PHYSIQUE

Front contre front, ces deux éléphanteaux sont en train de jouer. Chez les mammifères, à la naissance et durant la croissance, le toucher joue souvent un très grand rôle. Ainsi, les jeunes éléphants se touchent fréquemment de la trompe, et les mères se servent de la leur pour les guider. Les primates, quant à eux, se toilettent souvent mutuellement. Dans ce cas, le toucher joue aussi un rôle dans l'établissement et le maintien des rangs sociaux au sein des groupes.

L'odorat est bien développé.

Les pattes du raton laveur sont très sensibles au toucher.

L'ALIMENTATION

La nourriture est essentielle à la survie de l'organisme car elle procure l'énergie nécessaire pour maintenir les fonctions vitales. Si un chameau peut tenir des jours sans manger, c'est parce qu'il dispose, dans ses bosses, d'une réserve alimentaire sous forme de graisse. Les plus petits mammifères, comme les musaraignes, en revanche, brûlent très vite leurs calories et doivent manger toute la journée pour survivre. De nombreux mammifères ont acquis un régime alimentaire spécialisé. Les herbivores consomment des végétaux, les carnivores d'autres animaux. Moins difficiles, les omnivores se nourrissent d'aliments variés.

UN RÉGIME DE FRUITS ▶
Ce macaque japonais est en train de manger un fruit. Les macaques se nourrissent essentiellement de végétaux et contribuent à la dispersion des arbres en disséminant les graines, qui se prennent dans leur fourrure ou sont rejetées dans leurs excréments. Mais comme la plupart des primates, ils consomment également d'autres aliments, tels que des insectes et des œufs, qu'ils trouvent dans les arbres. En Asie du Sud-Est, ces singes exploitent aussi le littoral, ramassant crabes et autres animaux rejetés par la marée.

◀ UN PHYTOPHAGE TRÈS SPÉCIALISÉ
De tous les mammifères, le koala a l'un des régimes alimentaires les plus spécialisés. Il se nourrit exclusivement des feuilles coriaces des eucalyptus, dont il absorbe environ 500 g par jour. Rares sont les animaux qui peuvent les avaler car elles contiennent des huiles essentielles très odorantes. Le système digestif du koala est spécialement adapté pour pouvoir les digérer. Mais c'est un régime pauvre en protéines et en énergie. Le koala compense cela par des mouvements lents et en dormant les quatre cinquièmes du temps.

Longue langue et museau pointu plongeant au cœur des fleurs

UN MARSUPIAL NECTARIVORE ▶
La souris à miel, un minuscule marsupial, se nourrit du nectar et du pollen des fleurs. Ce type de régime n'est toutefois possible que dans les régions où les plantes fleurissent toute l'année. Le nectar est très énergétique et fournit de l'eau, tandis que le pollen apporte les protéines dont l'animal a besoin. Les protéines sont particulièrement importantes pour les femelles, car elles en ont besoin pour produire du lait pour leurs jeunes.

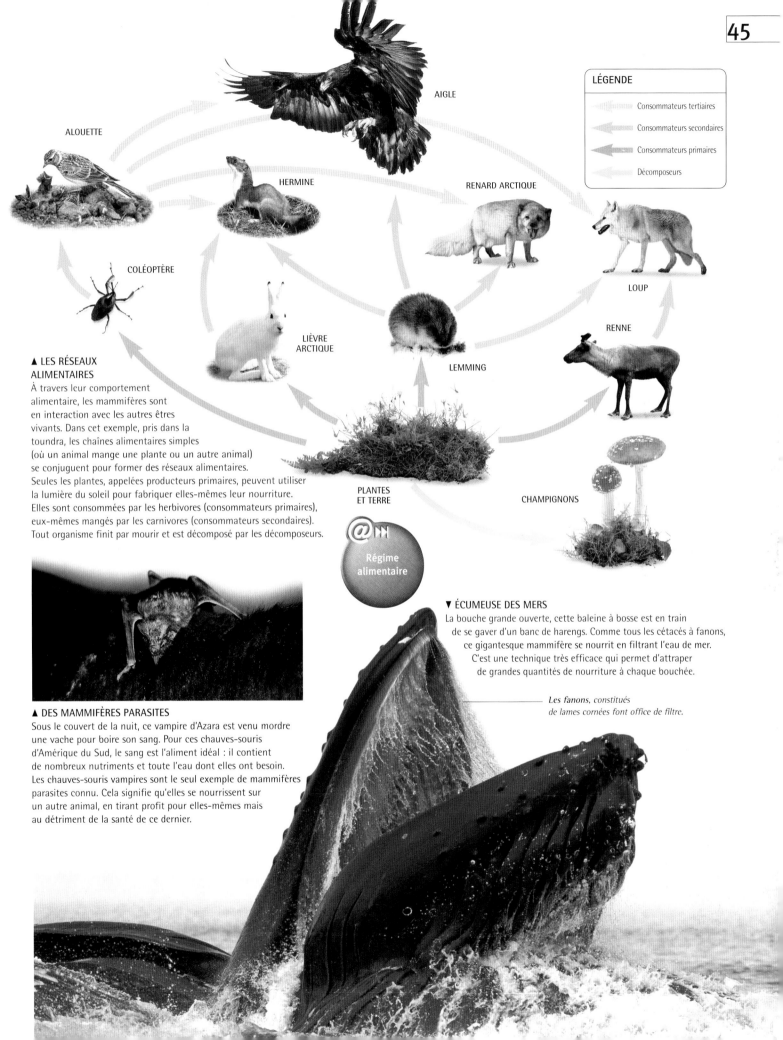

AIGLE

ALOUETTE

HERMINE

RENARD ARCTIQUE

COLÉOPTÈRE

LOUP

RENNE

LIÈVRE ARCTIQUE

LEMMING

LÉGENDE

Consommateurs tertiaires

Consommateurs secondaires

Consommateurs primaires

Décomposeurs

▲ LES RÉSEAUX ALIMENTAIRES

À travers leur comportement alimentaire, les mammifères sont en interaction avec les autres êtres vivants. Dans cet exemple, pris dans la toundra, les chaînes alimentaires simples (où un animal mange une plante ou un autre animal) se conjuguent pour former des réseaux alimentaires. Seules les plantes, appelées producteurs primaires, peuvent utiliser la lumière du soleil pour fabriquer elles-mêmes leur nourriture. Elles sont consommées par les herbivores (consommateurs primaires), eux-mêmes mangés par les carnivores (consommateurs secondaires). Tout organisme finit par mourir et est décomposé par les décomposeurs.

PLANTES ET TERRE

CHAMPIGNONS

@▸▸ Régime alimentaire

▲ DES MAMMIFÈRES PARASITES

Sous le couvert de la nuit, ce vampire d'Azara est venu mordre une vache pour boire son sang. Pour ces chauves-souris d'Amérique du Sud, le sang est l'aliment idéal : il contient de nombreux nutriments et toute l'eau dont elles ont besoin. Les chauves-souris vampires sont le seul exemple de mammifères parasites connu. Cela signifie qu'elles se nourrissent sur un autre animal, en tirant profit pour elles-mêmes mais au détriment de la santé de ce dernier.

▼ ÉCUMEUSE DES MERS

La bouche grande ouverte, cette baleine à bosse est en train de se gaver d'un banc de harengs. Comme tous les cétacés à fanons, ce gigantesque mammifère se nourrit en filtrant l'eau de mer. C'est une technique très efficace qui permet d'attraper de grandes quantités de nourriture à chaque bouchée.

Les fanons, constitués de lames cornées font office de filtre.

◄ LES LAGOMORPHES
Comprenant les lièvres, les
lapins et les pikas, c'est un petit ordre
proche des rongeurs. Il s'en différencie
par la présence, sur la mâchoire
supérieure, d'une deuxième paire
d'incisives plus petites située derrière
la première paire. Les lagomorphes sont
strictement herbivores, contrairement
à bon nombre de rongeurs. Ils se nourrissent
généralement en terrain découvert, le plus souvent de nuit

RONGEURS ET LAGOMORPHES

Les rongeurs représentent 40% des mammifères. Ils existent
partout dans le monde, sauf en Antarctique. Ce sont surtout des
herbivores mais certains, comme le rat surmulot, ont un régime
presque omnivore et se sont tellement bien adaptés au milieu des
villes qu'ils y sont devenus gênants et indésirables. Les rongeurs
cisaillent et rongent les plantes dont ils se nourrissent. Ils sont
dotés, sur chaque mâchoire, d'une paire d'incisives qui poussent
perpétuellement pour compenser l'usure due à l'action abrasive de
la silice contenue dans l'herbe. Beaucoup de petites espèces sont
très prolifiques car elles se reproduisent très rapidement et font
de grosses portées. Les lagomorphes, groupe voisin des rongeurs
qui comprend les lapins et les lièvres, sont, eux
aussi, dotés d'incisives
qui poussent sans
cesse.

@ ►►
Rongeur

*Grandes incisives
capables de ronger
le tronc des arbres*

DES DENTS À AFFÛTAGE AUTOMATIQUE

Les lagomorphes et les rongeurs rongent avec leurs dents de devant :
les incisives. À la différence des incisives humaines, elles sont courbes
et poussent de façon permanente. La surface extérieure est en émail
dur, la surface intérieure en dentine, matière plus tendre, qui s'use
lorsque l'animal ronge. Le frottement maintient ainsi les incisives bien
aiguisées. Les molaires, dents broyeuses, sont situées
très en arrière sur les mâchoires, disposant
ainsi de plus de puissance.

CRÂNE DE LAPIN

*Mâchoire supérieure
avec deux grandes
incisives et deux plus
petites juste derrière*

CRÂNE DE CASTOR

*Les incisives
mesurent parfois
plus de 3 cm.*

*Grand intervalle
entre les molaires
et les incisives
(diastème)*

▲ LES BÛCHERONS DE LA NATURE
En quelques heures de labeur acharné, un castor est capable d'abattre
un arbre de bon diamètre. Il s'en sert pour construire des barrages et créer,
sur le cours des rivière, des retenues d'eau artificielles. Au centre de ces
bassins, ils installent leur hutte faite de branchages dont la chambre est
située au-dessus du niveau de l'eau. L'entrée est généralement subaquatique,
l'animal pouvant ainsi circuler discrètement et accéder, même en hiver,
lorsque la surface de l'eau est gelée, à ses réserves de nourriture.

LA DIGESTION

Les végétaux contiennent de la cellulose, une substance coriace que bon nombre de mammifères ne digèrent pas. Le tube digestif des rongeurs et des lagomorphes renferme des bactéries spéciales. Stockées dans le caecum, elles produisent une enzyme qui dégrade la cellulose en substances que l'animal peut digérer. Chez les lagomorphes, en outre, le cæcum produit un type de crottes, appelées cæcotrophes, que ces animaux réingèrent dès la sortie de l'anus. Les matières qui les composent sont ainsi digérées une deuxième fois, ce qui permet d'en tirer le maximum d'énergie et de nutriments.

Les acides de l'estomac contribuent à dégrader les aliments.

Le gros intestin absorbe l'eau et fabrique les excréments.

Les molaires, dents broyeuses, réduisent les végétaux en pulpe.

L'intestin grêle absorbe une partie des éléments nutritifs des aliments.

Le caecum contient les bactéries qui dégradent la cellulose.

DES RONGEURS ADAPTABLES ▶

La souris grise est un des rongeurs les plus répandus car elle s'est parfaitement adaptée à la vie au contact de l'homme, à la ville comme à la campagne. Il en va de même des rats, qui peuvent se nourrir de détritus, s'attaquer aux réserves de nourriture mal protégées, et propagent parfois des maladies. Ces derniers ont un niveau d'intelligence qui leur permet d'apprendre à ne pas consommer des produits toxiques, ce qui les rend difficiles à contrôler. Mais les rongeurs ne sont pas tous aussi florissants. Certaines espèces, chassées pour leur fourrure ou comme nourriture, sont menacées, comme le Chinchilla d'Amérique du Sud.

LE TRANSPORT DE NOURRITURE

LE CHARGEMENT

Le hamster doré a de toutes petites pattes mais possède dans les joues des poches extensibles qu'il remplit de nourriture, comme de véritables sacs à provisions. Celui-ci a déniché un stock de cacahuètes : à l'aide de ses pattes et de ses dents, il a commencé à les enfourner dans ses bajoues pour les rapporter chez lui.

DE RETOUR AU TERRIER

Les bajoues du hamster s'étendent jusqu'à ses épaules et, comme elles sont extensibles, l'animal peut y enfourner toutes les cacahuètes. Bien que les bajoues soient pleines, les pattes conservent néanmoins leur liberté de mouvement et le hamster peut marcher sans entrave. Ainsi chargé, il retourne vers son terrier.

LE DÉCHARGEMENT

Pour déballer son chargement, le hamster contracte les bajoues et fait sortir les graines à l'aide de ses pattes. Il les stocke dans une chambre du terrier faisant office de réserve, puis repart en quête de nouvelles provisions. Lorsqu'il trouve des aliments trop grands pour ses bajoues (racines, bulbes, etc.), le hamster les transporte coincés dans ses incisives.

La queue joue un rôle dans l'équilibre de l'animal lorsqu'il se déplace en terrain accidenté.

◀ SURVIVRE AUX EXTRÊMES

La mérione de Mongolie, une gerbille, vit dans les déserts d'Asie centrale, où les étés sont torrides et secs et les hivers froids. Pour survivre dans ce genre milieux, elle doit s'abriter dans des terriers, où elle stocke sa nourriture. Chaque famille a besoin de plus de 10 kg de graines pour se nourrir pendant plusieurs mois. Comme de nombreux rongeurs du désert, les gerbilles survivent avec de très faibles quantités d'eau. Elles trouvent dans leurs aliments l'humidité qu'il leur faut.

Grands yeux permettant de voir dans l'obscurité

Les dents tranchantes parviennent à entamer la coquille des noix.

DES PATTES HABILES ▶

Assis sur son postérieur, cet écureuil gris mange une noisette qu'il tient dans ses pattes antérieures. L'animal est encore plus habile avec les pommes de pin, qu'il fait tourner pour ronger une à une les écailles afin d'atteindre la graine qu'elles dissimulent. Bon nombre de rongeurs ont cette dextérité, se servant de leurs pattes pour différentes tâches. Pour creuser un terrier, ils s'aident souvent aussi de leurs dents.

LES ONGULÉS, GRANDS HERBIVORES

De nombreux mammifères se nourrissent de végétaux, mais les ongulés, mammifères à sabots, sont des experts en la matière. Du minuscule chevrotain, pas plus grand qu'un lapin, aux rhinocéros, qui atteignent 3,5 tonnes, leur taille est très variable, mais c'est dans leurs rangs que se rencontrent tous les grands herbivores. On trouve ainsi parmi eux les zèbres et les antilopes, qui se rassemblent dans les savanes herbeuses en immenses troupeaux, mais aussi les animaux domestiques de nos fermes, tels les vaches, moutons, chèvres et cochons. Avec leurs longues pattes et leurs pieds compacts, la plupart sont de bons coureurs. Tous ont des dents et un système digestif particuliers, adaptés à la digestion des végétaux.

Le poil brun constitue un bon camouflage dans les herbes sèches de la savane.

▲ UN RÉGIME PLUTÔT HERBACÉ...
Certains ongulés se nourrissent quasi exclusivement d'herbe. C'est le cas des zèbres, dont les molaires poussent continuellement pour compenser l'usure provoquée par les herbes sèches qu'ils consomment. D'autres ongulés au régime herbacé, comme les gnous, vivent aux côtés des zèbres mais, ceux-ci se nourrissant principalement de jeunes pousses, n'entrent pas en compétition alimentaire.

▲ ... OU PLUTÔT LIGNEUX ?
D'autres ongulés, comme, par exemple, les chèvres, les cervidés, certaines antilopes et les girafes, se nourrissent de feuilles, de branchages et d'écorce sur les buissons et les arbres. Chaque espèce a sa propre technique. Culminant à cinq mètres du sol et munies de lèvres quasi insensibles aux épines, les girafes arrachent le feuillage à l'aide de leur longue langue. Le gerenuk, ou gazelle-girafe, se dresse sur les pattes de derrière pour atteindre les hautes feuilles. Le rhinocéros noir se sert de sa longue lèvre supérieure mobile pour arracher les végétaux.

EN PERPÉTUEL MOUVEMENT ▲
Incliné en prenant son virage, cet impala mâle chasse un rival hors de son territoire. Ces élégantes antilopes vivent dans la savane, broutant l'herbe ou le feuillage selon les périodes de l'année. Comme la plupart des antilopes, les impalas vivent en troupeaux et ont un comportement social élaboré. La plupart du temps, les mâles cohabitent librement, mais ils s'affrontent en combats à la période de reproduction.

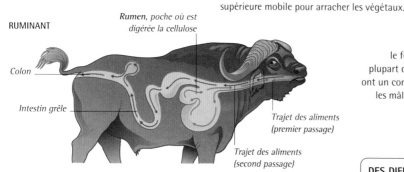

RUMINANT

Rumen, poche où est digérée la cellulose

Colon

Intestin grêle

Trajet des aliments (premier passage)

Trajet des aliments (second passage)

NON-RUMINANT

Cæcum   Estomac

Côlon

Trajet des aliments

Intestin grêle

▲ LES DEUX TYPES DE SYSTÈMES DIGESTIFS
L'estomac des ruminants, tel que le bison ou le cerf, est composé de quatre poches. L'herbe est digérée une première fois dans le rumen, la plus grande des poches, par des bactéries qui dégradent la cellulose. Elle remonte ensuite dans la bouche et l'animal la mastique une deuxième fois – c'est la rumination – avant de l'avaler à nouveau. Le système digestif des non-ruminants est plus simple, mais tout aussi efficace, les bactéries qui dégradent la cellulose se trouvant dans le caecum.

DES DIFFÉRENCES DE DENTITION

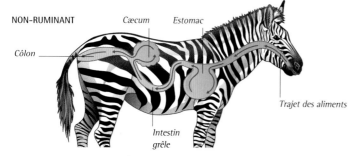

CRÂNE DE CHEVAL (NON-RUMINANT)

CRÂNE DE GIRAFE (RUMINANT)

Incisives pour couper les végétaux

Les chevaux et les zèbres broutent en pinçant l'herbe entre leurs incisives, puis en l'arrachant ou la cassant. De leur langue, ils la poussent ensuite au fond de la bouche, où elle est broyée par deux rangées de larges molaires. Dépourvus d'incisives à la mâchoire supérieure, les ruminants rassemblent les brins d'herbe et autres végétaux avec leurs lèvres et leur langue, puis les arrachent ou les coupent. Les incisives inférieures, en contact avec un bourrelet dur de la gencive supérieure, ont un effet de cisaille.

Chez les impalas, seul le mâle porte des cornes.

Les poils creux conservent la chaleur du corps.

▲ LA FAMILLE DES CAMÉLIDÉS

Avec leur épaisse fourrure, les vigognes résistent aux nuits glaciales de la cordillère des Andes. Elles appartiennent à la famille des camélidés, petit ordre de mammifères à sabot qui comprend également le lama, le chameau et le dromadaire. Ces espèces sont adaptées à des conditions très rudes. Les vigognes vivent en altitude, jusqu'à 4 800 m, où l'air raréfié rend la respiration difficile pour la plupart des mammifères. Les chameaux parviennent à survivre à des températures de 50 °C le jour et −10 °C la nuit.

▼ LES BOIS ET LES CORNES

Au plus fort de la saison de reproduction, les cerfs ont des bois impressionnants qu'ils arborent fièrement face à leurs rivaux. Ces bois, osseux et massifs, se renouvellent chaque année. Ils tombent au terme de la période de reproduction et une nouvelle paire commence à repousser quasi immédiatement. Les cornes des vaches et des antilopes, quant à elles, ne tombent pas ; elles sont permanentes. Elles sont composées d'un cœur osseux recouvert d'une enveloppe de kératine (la même substance que les sabots, les ongles et les poils).

Les bois poussent à partir de bourrelets osseux frontaux.

Longs membres achevés par deux sabots étroits

Herbivore

DES DOIGTS PAIRS OU IMPAIRS

Quatrième doigt ne touchant pas le sol

Trois doigts supportant tout le poids

Os allongés de la patte

Deux doigts et sabots étroits

Doigt unique (troisième doigt)

PATTE ANTÉRIEURE DE TAPIR

PATTE ANTÉRIEURE DE CHEVAL

PATTE ANTÉRIEURE D'ANTILOPE

La vitesse est essentielle à la survie des ongulés. À la place des griffes, leurs ongles se sont transformés en sabots très durs et résistants qui leur permettent de courir très vite.

La plupart des ongulés ont un nombre pair de doigts : il forment l'ordre des artiodactyles. Ainsi, les porcs ont quatre doigts, les antilopes et les vaches en ont deux. Les espèces, moins nombreuses, formant l'ordre des périssodactyles possèdent un nombre impair de doigts. Ce sont les chevaux, les tapirs et les rhinocéros. Les tapirs ont trois doigts, les chevaux n'en ont qu'un seul.

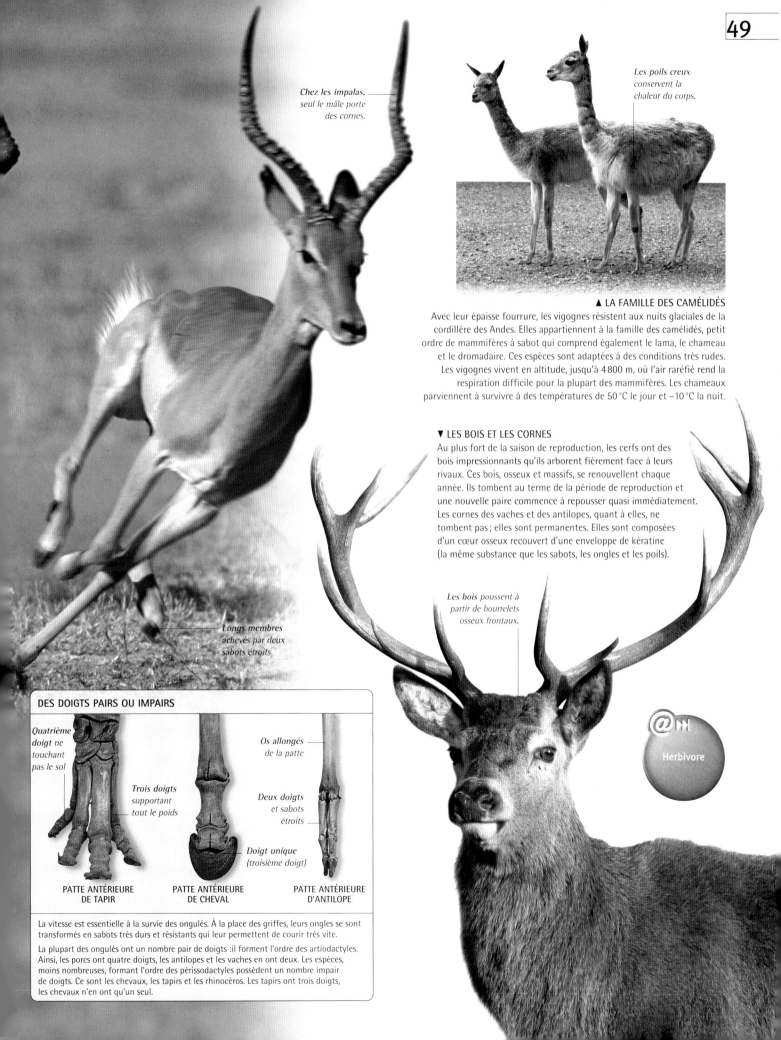

LES MANGEURS D'INSECTES

Pour de nombreux mammifères, les insectes constituent la principale source de nourriture. Les chauves-souris les attrapent en vol, tandis que les représentants de l'ordre des insectivores – hérissons, musaraignes, taupes, solénodons, tenrecs, etc. – les chassent au sol ou même dans la terre. Ces espèces sont généralement expertes dans l'art de dénicher les invertébrés à l'odorat ou au toucher. La plupart des mangeurs d'insectes sont de petite taille, mais les plus grands, les oryctéropes et les fourmiliers, pèsent autant qu'un homme adulte. Leur appétit étant à l'avenant, ces derniers dévorent des milliers de fourmis ou de termites chaque jour.

LA DENTITION DES INSECTIVORES

Les mangeurs d'insectes se rencontrent dans diverses branches du monde des mammifères. La forme de leur dentition et de leur crâne dépend en partie de leurs ascendants et en partie de leur alimentation. Les insectivores vrais, comme les musaraignes et les hérissons, ont de petites dents pointues. Leurs proies étant grosses par rapport à leur taille, ils ont besoin de dents efficaces pour les mettre en pièces. En revanche, les grands mammifères insectivores, comme les oryctéropes, n'ont que de petites dents insignifiantes ou pas de dents du tout. Ils se nourrissent de termites et de fourmis qu'ils avalent d'un coup. Les échidnés, des monotrèmes, se nourrissent du même type d'aliments. Dépourvus de dents, ils broient la nourriture entre des plaques osseuses dans le fond de leur bouche.

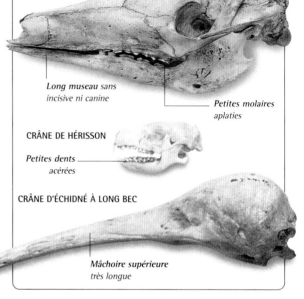

CRÂNE D'ORYCTÉROPE

Long museau sans incisive ni canine

Petites molaires aplaties

CRÂNE DE HÉRISSON

Petites dents acérées

CRÂNE D'ÉCHIDNÉ À LONG BEC

Mâchoire supérieure très longue

Insectivore

▲ UN CHASSEUR NOCTURNE
De son nez très sensible, ce hérisson a repéré une limace. À l'instar de nombreux insectivores, les hérissons ne sont pas trop regardants quant à leur nourriture. Ils mangent toutes sortes d'invertébrés, des limaces comme des escargots, des vers de terre comme des insectes. Ils attaquent même les nids des oiseaux pour voler leurs œufs. Les piquants pointus qui recouvrent leur dos et leur tête les protègent. Menacés, ils se roulent en boule bien serrée, protégeant leur ventre et leurs pattes et dressant leurs piquants.

ATTAQUE SOUTERRAINE ▶
Cette taupe dorée dévore un cricket qu'elle a capturé par surprise. Ces taupes vivent dans le désert et se déplacent sous le sable. Elles se nourrissent généralement de termites, mais si elles détectent la présence d'un grand insecte en surface, elles l'attaquent par en dessous. Leurs yeux sont minuscules et recouverts de peau, et leurs pattes antérieures, armées de griffes en forme de pic, sont puissantes. Elles doivent leur nom à la couleur de leur fourrure aux reflets métallisés.

Les tons dorés de leur fourrure ont valu à ces taupes leur dénomination.

AUTRES MAMMIFÈRES INSECTIVORES

LES SOLÉNODONS
Les solénodons sont des insectivores très particuliers dont il n'existe que deux espèces, l'une vivant à Haïti, l'autre à Cuba. Ces animaux à peu près de la taille d'un chat sont de bons grimpeurs. Leur long museau flexible s'insinue dans les crevasses et autres fissures et fouille les feuilles mortes. Ils injectent par morsure un venin qui les aide à tuer leurs proies.

LES TENRECS
Les trente espèces de tenrecs sont toutes originaires d'Afrique et de Madagascar. Comme les solénodons, la plupart d'entre elles vivent dans les forêts tropicales où elles cherchent leur nourriture au sol avec leur long museau. Leur corps compact est recouvert d'une fourrure rude, parfois parsemée de piquants. Ceux du tenrec rayé, ci-contre, mesurent 3 cm de long.

L'ORYCTÉROPE
Avec ses 65 kg, l'oryctérope, de l'ordre des tubulidentés, est le plus lourd des mammifères insectivores et c'est l'un des plus rapides fouisseurs du monde. Il a de grandes oreilles et un museau en forme de groin, comme les porcs. De ses puissantes griffes antérieures, il éventre les termitières puis, avec sa longue langue, il capture les insectes qu'il avale par centaines à la fois.

DES REPAS DE FOURMIS ▶
Le museau enfoui dans une souche creuse, le grand fourmilier, ou tamanoir, sort et rentre très rapidement sa langue pour capturer ses proies. Mesurant près de 2 m queue comprise, ce gros animal d'Amérique du Sud est l'un des plus grands mammifères insectivores. C'est également un des rares qui soient diurnes. Fuyant généralement le danger, il peut devenir redoutable s'il se sent acculé car il se dresse sur ses pattes postérieures et frappe de ses fortes griffes antérieures.

La longue langue sort et rentre au rythme de 150 fois par minute.

L'ouïe des fourmiliers est bonne, mais pas leur vue.

Une épaisse fourrure protège l'animal des piqûres et des morsures.

Les griffes des pattes antérieures s'usent peu et restent tranchantes car le fourmilier marche sur ses phalanges repliées.

◀ DES INSECTIVORES AQUATIQUES
La plupart des insectivores sont terrestres. Mais ce desman de Russie, comme son homologue des Pyrénées, qui plonge dans les étangs et les torrents pour attraper ses proies, est l'une des exceptions. Les desmans sont de proches parents des taupes, dont ils se différencient par leurs pattes palmées et leur queue aplatie qui sert de gouvernail. Ils se nourrissent d'insectes, de vers et d'escargots aquatiques, mais l'espèce russe ci-contre consomme aussi des grenouilles et des poissons.

LES CARNIVORES

Un carnivore est un animal qui se nourrit de viande. La classe des mammifères compte beaucoup d'animaux chasseurs (parmi les marsupiaux et les cétacés, par exemple), mais il existe aussi un ordre des carnivores, fort d'environ 250 espèces, dans lequel figurent certains des prédateurs les plus connus. On y trouve ainsi, par exemple, les mustélidés (fouines, belettes, etc.), les félins, les canidés (chiens et renards) ou les ursidés (ours). Chacun possède sa façon propre de chasser, certains pratiquant l'affût en solitaire, d'autres la chasse coordonnée en équipe. Tous ont en commun des prémolaires spécialisées agissant comme de véritables cisailles, tranchant dans la chair et capables de broyer les os.

▲ LES SENS
DES CARNIVORES
Grâce à son ouïe très fine, son odorat très développé et ses grands yeux, la civette palmiste africaine peut chasser la nuit. Elle vit principalement dans les hauteurs des arbres où elle chasse de petits animaux et des oiseaux pendant leur sommeil. Elle les approche silencieusement et les attaque par surprise, comme beaucoup de carnivores, bondissant au dernier moment.

La fourrure tachetée du léopard est un bon camouflage dans les arbres.

◄ LE GARDE-MANGER DU LÉOPARD
Après avoir tué un impala, ce léopard l'a hissé dans un arbre pour le mettre hors de portée des charognards. Cela lui demande une grande dépense d'énergie mais, une fois la proie bien calée dans l'arbre, il peut venir s'y restaurer plusieurs jours d'affilée. Beaucoup de carnivores plus petits, comme le renard par exemple, enterrent leurs proies pour les mettre à l'abri.

Les longues canines pointues servent à tuer et déchiqueter les proies.

◄ PRÉDATEUR
SOUS-MARIN
Capturé par un phoque léopard, ce manchot Adélie a peu de chances d'en réchapper. Le phoque léopard est un chasseur redoutable. Avec ses canines, qui sont de véritables poignards, il attaque manchots et autres phoques, et taille leur chair pour les avaler. Les pinnipèdes, auxquels appartiennent les phoques, sont de proches parents des carnivores terrestres malgré une anatomie et un mode de vie très différents, et sont classés par de nombreux scientifiques dans l'ordre des carnivores.

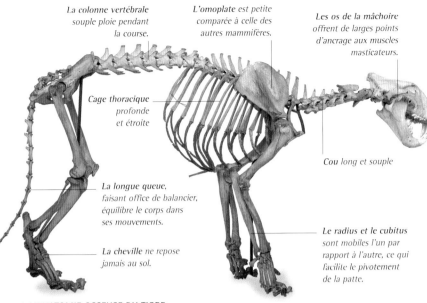

La colonne vertébrale souple ploie pendant la course.

L'omoplate est petite comparée à celle des autres mammifères.

Les os de la mâchoire offrent de larges points d'ancrage aux muscles masticateurs.

Cage thoracique profonde et étroite

Cou long et souple

La longue queue, faisant office de balancier, équilibre le corps dans ses mouvements.

Le radius et le cubitus sont mobiles l'un par rapport à l'autre, ce qui facilite le pivotement de la patte.

La cheville ne repose jamais au sol.

▲ L'ANATOMIE OSSEUSE DU TIGRE

Le squelette de la plupart des carnivores, mis à part celui des ours, est conçu pour la souplesse et la vitesse. La colonne vertébrale souple et les longues pattes, comme on le voit sur ce squelette de tigre, permettent de très longues enjambées. Les pattes antérieures peuvent pivoter sous le coude, un mouvement important pour permettre à l'animal de changer de direction en pleine course, quand il poursuit une proie par exemple. Les tigres, comme de nombreux autres carnivores, marchent sur le bout des doigts. Les ours, quant à eux, marchent sur la plante des pieds.

DENTS ET MÂCHOIRES

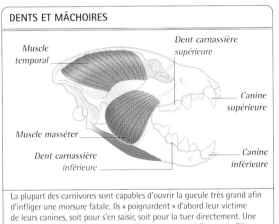

Muscle temporal

Dent carnassière supérieure

Canine supérieure

Muscle masséter

Dent carnassière inférieure

Canine inférieure

La plupart des carnivores sont capables d'ouvrir la gueule très grand afin d'infliger une morsure fatale. Ils « poignardent » d'abord leur victime de leurs canines, soit pour s'en saisir, soit pour la tuer directement. Une fois la proie morte, les dents carnassières se mettent à l'ouvrage. Glissant l'une contre l'autre lorsque l'animal ferme la bouche, ces dents situées sur la mâchoire inférieure et sur la mâchoire supérieure, tranchent la chair pour la découper en morceaux. Deux paires de muscles masticateurs, les temporaux et les masséters, assurent la puissance de la morsure.

Carnivore

DIFFÉRENTES TECHNIQUES DE CHASSE

L'AFFÛT SOLITAIRE
Le tigre chasse seul, comptant sur le camouflage et la discrétion pour surprendre des proies inconscientes du danger. Malgré sa taille (les plus grands spécimens atteignent 300 kg), ce prédateur exceptionnellement puissant chasse à l'approche, ne lançant la poursuite qu'au dernier moment. Le tigre est capable d'effectuer des bonds de 10 m, renversant sa proie sous le choc et la puissance de son saut.

LE BOND DE PRÉCISION
Ce jeune renard bondit, décollant entièrement du sol avant de retomber sur un petit rongeur dissimulé dans les herbes. Cette technique de chasse est aussi utilisée par les petits félins en terrain ouvert et dans la neige. Avant de bondir, le chasseur écoute, guettant tout signe de mouvement pour repérer très précisément la position de sa victime. Les renards chassent toutes sortes de proies : oiseaux, petits mammifères ou vers de terre.

LA CHASSE DANS L'EAU
La plupart des grands félins évitent l'eau mais, comme le tigre, le jaguar fait exception. Il chasse souvent dans les rivières et les zones marécageuses où il capture des rongeurs comme le capybara, ainsi que des serpents, des singes, des cerfs, des caïmans et des poissons. Il attrape aussi parfois des tortues aquatiques, dont il transperce la carapace de ses canines acérées avant de la broyer avec ses puissantes mâchoires.

◄ LA CHASSE EN BANDE
Au terme d'une poursuite fructueuse, ces chiens sauvages d'Afrique, ou lycaons, entourent un gnou qu'ils s'apprêtent à mettre à bas. En chassant en meute, ces animaux peuvent s'attaquer à des proies plus grandes qu'eux. Les lycaons sont d'infatigables coureurs qui poursuivent leurs proies jusqu'à 50 km/h, jusqu'à ce que l'animal se fatigue et commence à ralentir. Les loups chassent aussi de cette façon. Les bandes de lionnes, quant à elles, cherchent à s'approcher au plus près de leurs victimes avant de bondir.

Les motifs de la robe des lycaons varient d'un individu à l'autre.

DISSUASION ET DÉFENSE

Prédation

Le monde sauvage est dangereux pour ses habitants. Partout rodent des prédateurs qui peuvent frapper à tout instant. De nombreux mammifères comptent sur la vitesse pour fuir au moindre signe de danger. D'autres restent immobiles, comptant sur leur camouflage pour passer inaperçus. Mais certains réagissent de façon très différente. Au lieu de s'enfuir ou de se dissimuler, ils se protègent par des systèmes de défense particuliers : carapaces, piquants, jets de substances fétides, etc. Ces techniques ne sont pas infaillibles car les prédateurs sont également très bien armés, mais elles améliorent quand même les chance de survie de ceux qui en disposent.

Piquants creux à la pointe acérée

▲ UNE ARMURE NATURELLE

Du bout de la queue jusqu'au sommet de la tête, le tatou à trois bandes est recouvert de plaques osseuses. Lorsqu'il se sent menacé, il se roule en boule, protégeant ainsi son ventre vulnérable, et ne se déroule qu'une fois le danger éloigné. Ce système est plus efficace pour les adultes, à la carapace dure, que pour les jeunes, chez qui elle est encore molle.

Le dos arrondi donne l'air plus grand.

Le chat montre les dents et souffle bruyamment.

▲ IMPRESSIONNER POUR DISSUADER

Lorsqu'un chat sauvage est acculé par un prédateur, il cherche à apparaître le plus féroce et impressionnant possible. Il se tient de côté par rapport à son agresseur, dents découvertes et dos arrondi, et souffle et crache dès que l'ennemi esquisse le moindre mouvement. Le message est sans ambiguïté : s'il est attaqué, le chat se défendra par tous les moyens. Les chats domestiques adoptent le même comportement, notamment pour dissuader les chiens.

UN MANTEAU DE PIQUANTS ▶

Fort de sa collection de piquants, ce porc-épic d'Afrique du Sud est capable de repousser les plus déterminés des prédateurs, y compris les lions et les léopards. Lorsqu'il perçoit un danger, il hérisse ses piquants et les secoue pour qu'ils s'entrechoquent afin d'avertir l'ennemi de ne pas approcher. Si ces mesures se révèlent inefficaces, le porc-épic passe à l'attaque : il se retourne puis se rue à reculons vers son attaquant pour le larder de piquants. Les piquants se détachent facilement de son dos, restant plantés comme des flèches dans la peau de l'adversaire.

▲ UN CAMOUFLAGE EFFICACE

La robe brune rayée de cette femelle de grand koudou se fond parfaitement dans le décor de la savane sèche environnante. Le grand koudou est l'une des plus grandes espèces d'antilopes, mais son camouflage et ses habitudes discrètes en font un animal très difficile à repérer. Comme beaucoup d'antilopes, la femelle met bas dans des taillis épais. Lorsqu'elle part pour s'alimenter, elle laisse son petit ainsi dissimulé. Si un prédateur rode dans les parages, il s'enroule sur lui-même et reste parfaitement immobile.

▲ LE BOND DE LA VIE

Lorsqu'ils sont poursuivis par des lions, les impalas semblent jaillir dans les airs, faisant des bond de 3 m de haut et 10 de long. Ces mouvements en tous sens déconcertent souvent les prédateurs, laissant le temps aux antilopes de fuir. Certaines espèces comme les gazelles semblent chercher à attirer l'attention lorsqu'elles sont attaquées en faisant de très grands bonds sur place, les quatre pattes bien raides. Ce comportement est destiné à avertir le troupeau d'un danger imminent.

▲ DES ARMES CHIMIQUES

La moufette rayée utilise plusieurs signaux visuels pour dissuader ses prédateurs d'attaquer. En guise de dernière sommation, elle se dresse sur les pattes avant. Si celle-ci est ignorée, la moufette projette un jet d'une substance fétide, produite par des glandes spéciales situées sous la queue, en visant la bouche et les yeux de son adversaire. Ce produit provoque une vive irritation de la peau et même une cécité temporaire à forte dose. L'odeur, qui persiste durant quelques jours, est tellement forte que l'homme peut la percevoir, sous le vent, à 1 km de distance. Les dix espèces de moufettes ont toutes le dos marqué de grandes traces blanches destinées à avertir les prédateurs de ne pas approcher.

◄ LA SURVEILLANCE

La surveillance est indispensable à la survie des animaux qui vivent en troupeaux, comme ces gnous. Les herbivores ne peuvent s'enfuir à chaque fois qu'ils aperçoivent un prédateur. Alors, lorsqu'un guépard rode, ils le tiennent à l'œil, guettant le moindre indice d'une attaque. Le guépard, excellent sprinter sur de courtes distances, se fatigue très vite. Les gnous le savent et gardent une distance de sécurité qui leur octroiera des secondes de fuite pouvant être vitales en cas d'attaque. Le guépard sait bien, quant à lui, que sa réussite à la chasse dépend de l'effet de surprise.

Saumon en migration, source
de protéines pour les ours

OMNIVORES ET OPPORTUNISTES

Il arrive aux singes herbivores de se nourrir d'insectes et aux loups carnivores de grignoter des végétaux. Mais pour les omnivores, une alimentation variée est le lot quotidien. Les ours, les porcs, les ratons laveurs, les renards sont des mammifères omnivores, mais également l'espèce humaine. Le menu des omnivores change au gré des saisons et des aliments disponibles. Les opportunistes, dont le régime est lui aussi varié, sont toujours à l'affût d'un repas. Dans les villes et les villages, où les ordures sont pléthoriques, cette stratégie de survie est un gage de succès pour ces espèces.

L'ours se sert de ses
dents pour arracher
les baies.

▲ DES OURS PÊCHEURS

Les pattes dans l'eau glacée, cet ours brun d'Alaska attrape les saumons qui remontent les rivières vers leurs lieux de reproduction. En Alaska, les ours consacrent une grande partie de leur temps à la pêche. Au début de l'été, ils se regroupent par dizaines dans les rapides, capturant les poissons alors qu'ils sautent pour franchir les cascades. L'ours brun serait assez puissant pour tuer un cheval mais, malgré sa taille, la viande n'entre que pour un quart dans son régime alimentaire. À l'automne, il peut manger continuellement sans jamais être rassasié, engloutissant des milliers de baies afin de prendre du poids pour passer les mois de sommeil hivernal.

Le renard
a repoussé
le couvercle
de son museau.

▼ À LA RECHERCHE DE RESTES

Debout sur ses pattes de derrière ce renard roux inspecte une poubelle. Dans certaines régions du monde, comme en Grande-Bretagne, les renards se sont adaptés à la vie citadine. Ils patrouillent dans les rues la nuit à la recherche des déchets de repas humains. Le raton laveur d'Amérique du Nord a un comportement semblable. C'est en outre un habile grimpeur qui trie souvent de ses pattes les ordures dans les poubelles.

L'ÊTRE HUMAIN, UN OMNIVORE

Les premiers êtres humains vivaient de la chasse et de la cueillette de végétaux. Pour y parvenir, ils étaient nomades, se déplaçant constamment à la recherche de fruits et baies assez mûrs pour être cueillis. Mais, il y a environ 10 000 ans, les hommes commencèrent à domestiquer les animaux et à cultiver des plantes pour se nourrir. C'étaient les débuts de l'agriculture, une nouvelle organisation de la vie qui transforma le visage de la planète. Aujourd'hui, 35 % environ de la surface de la Terre sont cultivés et, dans certaines régions, il est difficile de trouver de nouveaux terrains cultivables. Ces terrasses étroites, sur les pentes des collines d'Indonésie, sont dédiées à la culture du riz.

UNE ÉTONNANTE ALLIANCE ▼

De nombreux mammifères, des ours aux êtres humains, apprécient le miel. Le ratel, espèce qui vit en Afrique, possède une astucieuse technique pour dénicher ce mets favori. Il suit un oiseau indicateur qui le guide en voletant de branche en branche jusqu'au nid des abeilles sauvages. Une fois le nid atteint, le ratel l'éventre de ses griffes puis se délecte du miel et des larves, pendant que l'oiseau indicateur s'empare de sa part du butin : la cire d'abeille.

Sa fourrure épaisse protège le ratel contre les piqûres d'abeilles.

De ses puissantes mâchoires, le ratel peut tuer des proies plus grandes que lui.

▲ FRÉNÉSIE ALIMENTAIRE

Les rats sont les champions de l'opportunisme. Intelligents et agiles, ils se faufilent dans les canalisations et les bâtiments et dénichent toutes sortes d'aliments grâce à leur odorat développé. Le rat noir, ci-dessus, est connu pour propager des maladies. Il vit souvent dans les bâtiments, se nourrissant surtout d'aliments végétaux. Le rats brun, ou surmulot, est plus grand et son régime est plus varié. Ces rongeurs sont des espèces très adaptables, capables de survivre dans toutes sortes d'habitats, y compris les villes.

LES NETTOYEURS DE LA SAVANE ▼

Surveillées par des chacals, ces deux hyènes tachetées se nourrissent des restes d'une antilope. Mi-chasseurs, mi-charognards, ces animaux possèdent de très puissantes mâchoires qui leur permettent de déchirer le cuir des cadavres et de broyer les os. Les chacals sont plus petits et plus timides. Ils se regroupent souvent près des restes des hyènes pour voler ce qu'ils peuvent. En Afrique, dans les zones rurales, chacals et hyènes rodent parfois la nuit aux abords des installations humaines, fouillant les poubelles à la recherche de tout ce qui peut se manger.

Les taches du poil des hyènes se font plus rares avec l'âge.

@ Omnivore

Les pattes de devant sont plus longues que celles de derrière.

PARADES ET REPRODUCTION

Comme tous les animaux, les mammifères sont poussés par l'instinct de reproduction. Ils attirent leurs partenaires par des appels, des signaux olfactifs et visuels particuliers. Beaucoup effectuent des parades, rituels parfois très élaborés, destinés à supprimer la méfiance réciproque. Les périodes de reproduction varient en fonction du climat. Ainsi, la plupart des femelles des régions tempérées ou froides sont fertiles à la belle saison, lorsque la nourriture est abondante pour les nouveau-nés. Dans les zones où le climat est plus constant, les mammifères se reproduisent à n'importe quelle période de l'année.

Les couleurs vives signalent un mâle en pleine force, ce qui lui assure de trouver une partenaire.

▲ REPOUSSER LES RIVAUX
La plupart des mammifères mâles s'affrontent pour la conquête des femelles. Certaines espèces se contentent de signaux visuels pour écarter un rival, mais d'autres en viennent à des rencontres plus physiques. Chez les girafes, les mâles se mesurent à la force de leur encolure. Les duellistes se tiennent côte à côte et, tour à tour, lancent la tête par-dessus le cou de l'adversaire.

◄ ATTIRER UN PARTENAIRE
Les signaux visuels et le langage corporel sont des moyens efficaces d'attirer un partenaire. Chez la plupart des mammifères, le mâle est plus grand et plus voyant que la femelle. Ainsi, le mandrill mâle est deux fois plus gros que la femelle et arbore un visage et des fesses très colorés. Les recherches dans ce domaine montrent que ceux dont les coloris sont les plus vifs ont plus de chances de s'accoupler. Un mâle dominant est à la tête d'un groupe mixte d'une vingtaine d'individus et engendre tous les petits.

Pour écarter les rivaux, le mâle marche en se pavanant et prend des pauses agressives.

▲ DES LIENS DURABLES
Le dik-dik, la petite antilope ci-dessus, est une des rares espèces qui forment des couples durables. La plupart des mammifères ont des liens ponctuels avec leur partenaire. Les rongeurs, comme bien d'autres espèces, s'accouplent avec plusieurs partenaires puis se séparent aussitôt.

*Les nageoires
servent à se diriger.*

▲ UN CHANT D'AMOUR

Dans l'eau, le son voyage sur de grandes distances.
Les baleines, mammifères marins, émettent des
chants complexes pour localiser un partenaire dans
les vastes espaces océaniques. La baleine à bosse
(ci-dessus) est réputée pour la richesse de ses
émissions sonores, constituées de sons aigus
modulés, de soupirs et de grognements. À la saison
des amours, en hiver, cette espèce parcourt
de grandes distances entre les mers polaires
et les tropiques pour se reproduire.

*Le langage corporel
de la femelle indique qu'elle
est prête à s'accoupler.*

DES ACCOUPLEMENTS DE DURÉE VARIABLE

BRÈVE RENCONTRE
Chez les mammifères, la fécondation a lieu dans le corps
de la femelle, lorsque le spermatozoïde du mâle s'unit
à l'ovule. L'ovule fécondé se développe alors pour former
un embryon. La durée de l'accouplement varie, prenant
à peine quelques secondes chez des espèces comme
les damans, ci-dessus, ou les baleines.

ACCOUPLEMENT PROLONGÉ
Le rhinocéros est un animal habituellement solitaire
et plutôt ombrageux, même vis-à-vis de ses semblables.
Imprégné d'un sens profond du territoire, le mâle chasse
tout rival. Pendant la période de reproduction,
il rassemble toutes les femelles qu'il rencontre sur
son territoire. L'accouplement dure plusieurs heures.

◄ ROI POUR UN TEMPS
Les lionnes vivent en bandes, chassant
collectivement. Le groupe comprend aussi
un ou deux mâles qui chassent tout rival.
La domination d'un mâle sur une bande
dure rarement plus de deux ou trois ans.
Au delà, il est généralement chassé par un
mâle plus fort. Lorsqu'un rival s'impose,
il tue tous les petits engendrés par son
prédécesseur afin que les femelles,
n'ayant plus de petits à allaiter, soient à
nouveau prêtes à être fécondées par lui.

*Le mâle détecte
à l'odorat quand
la femelle est prête
à être fécondée.*

@IH
Reproduction
animale

LES MAMMIFÈRES PLACENTAIRES

Les mammifères sont divisés en trois groupes selon la façon dont se développent leurs petits. Celui des mammifères placentaires réunit la grande majorité des espèces. Chez ceux-ci, le fœtus se développe dans l'utérus, une poche située à l'intérieur du ventre de la femelle. Il reçoit de l'organisme de sa mère la nourriture et l'oxygène par l'intermédiaire d'un organe temporaire appelé le placenta. La durée de la gestation, période où le petit reste dans l'utérus de la mère, varie beaucoup selon les espèces. À la naissance, le jeune mammifère placentaire est parfaitement formé.

Le ventre de la mère grossit à mesure de la croissance du fœtus.

Le petit gorille naît à un stade de développement avancé.

Le cordon ombilical relie le fœtus au placenta.

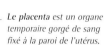

Le placenta est un organe temporaire gorgé de sang fixé à la paroi de l'utérus.

◄ LE DÉVELOPPEMENT DANS L'UTÉRUS
Cette illustration représente un fœtus de gorille dans l'utérus de la mère. Après l'accouplement, l'ovule fécondé se fixe aux parois de l'utérus et se développe en embryon, puis en fœtus. Grâce au cordon ombilical, le sang du fœtus communique avec les tissus du placenta, où il circule aux côtés du sang de sa mère. Ainsi la mère transmet les éléments nutritifs et l'oxygène à son petit et le débarrasse du dioxyde de carbone et autres déchets de l'activité de son organisme.

LA NAISSANCE

LA STIMULATION

LES PREMIERS PAS

▲ LA MISE BAS
Chez les éléphants, la gestation, la plus longue de tous les mammifères, dure 22 mois. Une fois le fœtus à terme, les puissants muscles de l'utérus de la mère commencent à se contracter régulièrement pour faire sortir le petit. Le nouveau-né se retrouve à terre, enveloppé de la membrane fœtale de couleur pâle.

▲ UN PETIT COUP DE POUSSE
La femelle de l'éléphant met bas en sécurité, au milieu du troupeau composé d'autres femelles et de leurs jeunes. Peu après la naissance, le placenta se détache avant d'être expulsé à son tour de l'utérus. Les femelles expérimentées se regroupent autour de la mère pour l'aider à débarrasser le nouveau-né de la membrane fœtale. Elles l'aident aussi parfois à pousser délicatement son petit pour qu'il se mette sur ses pattes.

▲ UN BÉBÉ BIEN DÉVELOPPÉ
L'éléphant d'Afrique nouveau-né pèse 120 kg. Quelques minutes après sa naissance, il se dresse sur ses pattes et commence à téter le lait aux mamelles de sa mère. Il reste auprès de celle-ci, tétant jusqu'à l'âge de deux ans, âge où ses défenses commencent à sortir. Il reste dépendant d'elle pendant une dizaine d'années.

LA TAILLE DES PORTÉES

LE CHEVAL (1)
La taille des portées (nombre de petits qu'une mère met au monde en une fois) varie beaucoup selon les espèces. En général, les grandes espèces tendent à avoir une gestation longue et un nombre restreint de petits. Ainsi, la plupart des juments mettent au monde un seul petit au bout de onze mois et demi de gestation.

LE HAMSTER (6-8)
Les petits mammifères, comme les rongeurs, ont des périodes de gestations beaucoup plus courtes et mettent bas des portées plus nombreuses que les grands mammifères. Les hamsters sont ceux dont la gestation est la plus brève : 12 à 15 jours. Ils ont 6 à 8 petits par portée.

LE CHIEN (3-8)
Les chiens mettent bas des portées de 3 à 10 petits au terme d'une gestation de 63 jours. Les portées du loup, ancêtre des chiens domestiques, sont de taille semblable et le temps de gestation également. Les portées du chien sauvage d'Afrique (ou lycaon) atteignent 16 petits, plus que tout autre canidé.

L'HOMME (1-4)
Après une moyenne de 267 jours de gestation, les mères humaines accouchent généralement d'un seul enfant, plus rarement, de jumeaux, de triplés ou même de quadruplés. L'homme passe plus de temps à élever ses enfants que tout autre mammifère et c'est celui qui met le plus de temps à devenir adulte.

DES JEUNES SANS DÉFENSE ▶
Les mammifères placentaires donnent naissance à des petits bien formés comparés à ceux des marsupiaux ou des monotrèmes. Le stade de développement varie néanmoins selon les espèces. Les jeunes rongeurs ou les lapereaux (ci-contre) naissent nus et sans défense. Aveugles, sourds et incapables de se mettre debout, ils sont totalement dépendants de leur mère qui les réchauffe et les allaite. Mais ils grandissent vite et peuvent se reproduire dès l'âge de trois mois.

◀ DES JEUNES INDÉPENDANTS
Les grands ongulés, comme ces gnous, naissent au terme d'une longue gestation de huit mois et demi. Recouvert d'une fourrure protectrice, le nouveau-né, qui voit et entend, naît à un stade de développement très avancé. Dans la savane africaine plane la menace permanente des prédateurs. En deux à cinq minutes, il est capable de tenir debout et, au bout d'une demi heure, de suivre le troupeau et, ainsi, se déplacer en relative sécurité.

Le dauphin nouveau-né est bien formé et capable de nager immédiatement.

À la naissance, le dauphin se présente par la queue

▲ LA MISE BAS CHEZ LES MAMMIFÈRES MARINS
Chez les mammifères marins, les phoques mettent bas sur terre ou sur la glace, mais les baleines, les dauphins, les lamantins et les dugongs le font dans la mer. La femelle du dauphin, ci-dessus, met son petit au monde dans les eaux de surface. La mise bas se déroule au milieu d'un groupe de femelles, assurant la sécurité et apportant leur aide à la mère. Celle-ci ou une autre femelle se glisse sous le nouveau-né après l'expulsion pour le guider vers la surface où il prendra sa première inspiration.

@ ℍℍ
Mammifère placentaire

LES MARSUPIAUX

Second groupe de mammifères, les marsupiaux sont dits mammifères à poche. Après quelques semaines passées dans l'utérus, leurs petits naissent à l'état de minuscules embryons. Dès lors, ils vont poursuivre leur développement fixés en permanence à la mamelle de la mère, généralement située dans une poche abdominale. Quelques espèces cependant, comme certains opossums, sont dépourvues de poche. La plupart des marsupiaux vivent en Australie et en Océanie, sauf les opossums et les caenolestidés qui se rencontrent en Amérique du Nord, centrale et du Sud.

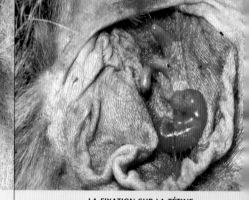

LE SYSTÈME REPRODUCTEUR DE LA FEMELLE

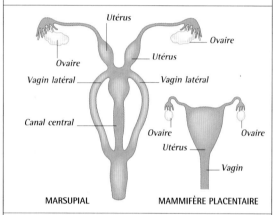

Utérus

Ovaire

Ovaire

Utérus

Vagin latéral

Vagin latéral

Canal central

Ovaire

Ovaire

Utérus

Vagin

MARSUPIAL

MAMMIFÈRE PLACENTAIRE

L'appareil reproducteur des marsupiaux et celui des mammifères placentaires sont très différents. Alors que le petit du mammifère placentaire se développe dans un utérus unique et sort en passant par le vagin, les marsupiaux ont deux utérus et deux vagins ainsi qu'un canal central. L'œuf fécondé ne se développe que quelques semaines dans l'utérus avant de descendre le long du canal central pour sortir du ventre de la mère. Chez quelques espèces, le canal central n'apparaît qu'à l'occasion des naissances.

LE KANGOUROU ROUX ET SON PETIT ▶
Les marsupiaux d'Australie présentent des tailles, des morphologies et des mœurs très variés. On trouve parmi eux des herbivores comme les kangourous, les wombats et le koala, des carnivores comme le diable de Tasmanie, et des omnivores. Le kangourou roux est le plus grand des marsupiaux. Le jeune est transporté en toute sécurité dans la poche abdominale, ou marsupium, de sa mère, qu'elle sautille à la recherche de nourriture ou bondisse à pleine vitesse.

Le petit pointe son museau hors de la poche.

Les longues pattes maintiennent la poche et le petit à bonne distance du sol.

@▶▶ Marsupial

WALLABY NOUVEAU-NÉ

L'ENTRÉE DANS LA POCHE MATERNELLE

LA FIXATION SUR LA TÉTINE

▲ LE CHEMIN VERS LA POCHE
Les marsupiaux naissent dans un état embryonnaire. Aveugle et nu, ce petit wallaby de l'île d'Eugène, totalement sans défense, va devoir commencer sa vie par un parcours dans la fourrure de sa mère pour rejoindre la sécurité de la poche abdominale. Il s'aide, dans son entreprise, de ses pattes de devant relativement développées.

▲ LE BUT EST PROCHE...
C'est l'instinct qui pousse l'embryon, encore aveugle et sourd, à chercher l'abri de la poche maternelle. Il la trouve à l'aide de ses sens du toucher et de l'odorat. La mère ne peut l'aider qu'en traçant, avec de la salive, le trajet que doit suivre son petit dans la fourrure. Cet étonnant voyage, qui ne dure que quelques minutes, est néanmoins épuisant pour le petit wallaby. Une fois dans la poche, il s'accroche à l'une des quatre mamelles et commence à téter.

▲ SAUVÉ !
Le mamelon que saisit le minuscule mammifère gonfle immédiatement dans sa bouche, l'empêchant de lâcher prise tant qu'il n'a pas suffisamment grandi. Ainsi, lorsque la mère saute et bondit, il ne risque pas de se décrocher. Nourri du riche lait maternel, le petit se développe rapidement. Ses yeux et ses oreilles s'ouvrent, le poil pousse et les pattes se développent.

▲ REPRODUCTION ACCÉLÉRÉE

Les bandicoots sont des marsupiaux à long museau, essentiellement insectivores, présents en Australie et en Nouvelle-Guinée. Le bandicoot rayé de l'Est est un des mammifères qui se reproduit le plus rapidement. Quatre ou cinq petits naissent au bout de onze jours de gestation et passent ensuite soixante jours dans la poche maternelle. Ils sont prêts à se reproduire au bout de trois mois.

▲ UN PRÉDATEUR CARNIVORE

Avec ses 80 cm de long, le diable de Tasmanie, ou sarcophile satanique, est le plus grand marsupial carnivore. Il chasse des proies de toutes tailles, des insectes comme des wallabies, mais se nourrit aussi de charognes. La femelle donne naissance à quatre petits au terme d'une gestation d'une trentaine de jours. Ils passent ensuite quinze semaines dans la poche maternelle et se nourrissent normalement au bout de vingt semaines.

◄ LE PETIT WALLABY

Au bout de quelques mois, le jeune kangourou commence à pointer la tête hors de la poche. Vers l'âge de six mois, sa mère le force gentiment à en sortir. Dès lors, il passe de plus en plus de temps dehors, se précipitant dans la poche à la moindre alerte. Il continue cependant à téter jusqu'à la fin de sa première année. À 18 mois, il est capable de se reproduire.

JEUNE WALLABY ÂGÉ
DE QUATRE MOIS

Les jeunes s'agrippent de leurs griffes à la fourrure de la mère.

◄ DES MARSUPIAUX SANS POCHE

Les opossums d'Amérique du Sud sont des espèces arboricoles, la plupart ayant l'apparence et la taille de souris ou de rats. Lorsqu'ils se déplacent dans les arbres, ils s'accrochent aux branches avec leur longue queue écailleuse. Certains opossums sont dépourvus de poche abdominale, alors que d'autres transportent leurs petits dans deux replis de peau sur le ventre. Au début, les nouveau-nés sont fermement attachés aux mamelles de la mère. Plus grands, ils s'accrochent sur son dos. Les opossums d'Amérique du Sud produisent jusqu'à une dizaine de petits par portée au bout de deux semaines et demie de gestation.

Les yeux minuscules sont dissimulés sous une douce fourrure couleur crème.

▼ LA TAUPE MARSUPIALE

La taupe marsupiale vit dans les déserts de sable et les savanes désertiques d'Australie. Elle évolue sous le sable qu'elle repousse à l'aide des puissantes griffes de ses pattes avant. Le mode de vie fouisseur de cette espèce lui a donné la même apparence que celle des taupes placentaires, dont elle est pourtant assez éloignée. La femelle met au monde un ou deux jeunes qu'elle porte dans une poche ouverte vers l'arrière afin qu'elle ne se remplisse pas de sable.

LES MONOTRÈMES

Les monotrèmes, qui forment le groupe le plus primitif de mammifères, ne comptent que cinq espèces – quatre échidnés et l'ornithorynque – présentes en Australie et en Nouvelle-Guinée. Ces curieux mammifères sont ovipares (ils pondent des œufs), comme les reptiles. Comme ces derniers, leurs systèmes digestif, urinaire et reproducteur débouchent dans un unique orifice, d'où leur nom de monotrème qui signifie « un seul trou ». Ce sont pourtant bien des mammifères puisqu'ils ont des poils et allaitent leurs petits.

Pattes en partie palmées facilitant la nage

DRÔLE DE MÉLANGE ! ▶

Avec son bec de canard, son corps de taupe, sa queue de castor et ses pattes palmées de loutre, l'ornithorynque ressemble à un mélange de différentes espèces. D'ailleurs, les premiers spécimens rapportés en Europe, vers 1800, furent pris pour des faux, reconstitués à partir de différents animaux. En réalité, les étranges caractéristiques de cette espèce lui permettent de se nourrir dans l'eau, les pattes palmées servant de nageoires, la queue de gouvernail et le bec d'appareil de détection.

Bec à la fois coriace et souple, non dur comme celui des canards

Pattes antérieures griffues et palmées servant à ramer

▲ UN ÉPERON VENIMEUX

Le mâle de l'ornithorynque est muni d'un éperon pointu sur les pattes arrière. Cette pointe creuse est reliée à une glande contenant un venin suffisamment violent pour tuer un congénère. Selon les scientifiques, elle servirait à menacer les rivaux lors de la reproduction. Les échidnés sont eux aussi dotés de tels éperons, mais dépourvus de venin.

◀ LE RÉGIME DE L'ORNITHORYNQUE

L'ornithorynque habite les berges des ruisseaux et des étangs de l'est de l'Australie et de Tasmanie. Il se nourrit de larves, d'insectes, de crevettes et d'écrevisses qu'il va chasser sous l'eau, les repérant avec son bec très sensible capable de percevoir les faibles impulsions électriques provenant des muscles de ses victimes. Lorsqu'il plonge, il stocke sa nourriture dans des bajoues et, de retour à terre, il broie ses aliments avec les plaques cornées qui lui tiennent lieu de dents.

ŒUF D'ÉCHIDNÉ DANS LA POCHE

L'ALLAITEMENT

UN NID DOUILLET

▲ DES ŒUFS À COQUILLE PARCHEMINÉE

Tous les monotrèmes pondent des œufs, mais qui sont couvés différemment selon les espèces. Chez l'échidné d'Australie, à nez court, une poche rudimentaire se développe sur l'abdomen de la femelle pendant la période de reproduction. Trois semaines après l'accouplement, elle pond un œuf qu'elle transfère dans sa poche, afin qu'il puisse incuber à la chaleur de son corps. L'ornithorynque pond de un à trois œufs dans un terrier et s'enroule autour pour les tenir au chaud.

▲ UN LAIT RICHE

Au bout de dix jours d'incubation, l'œuf éclôt et le petit échidné apparaît. Le lait de la mère ne sort pas de mamelles comme chez les autres mammifères : il s'écoule de plaques d'allaitement dans la poche ventrale, où le petit doit le lécher. Les œufs de l'ornithorynque éclosent aussi au bout de dix jours. Les petits ornithorynques ne tètent pas non plus ; ils lèchent le lait qui s'écoule sur les poils du ventre maternel.

▲ LA CROISSANCE

Le jeune échidné passe les premiers 55 jours de sa vie dans la poche maternelle. Ensuite, lorsqu'elle part en quête de nourriture, la mère le laisse dans son terrier. Le petit reste ainsi sept mois avec sa mère. Le jeune ornithorynque, quant à lui, reste quatre mois dans le terrier, avant de pouvoir se débrouiller seul.

EN QUÊTE DE NOURRITURE ►

Les échidnés n'ont pas tous le même régime alimentaire. L'espèce d'Australie, à bec court, se nourrit principalement de fourmis et de termites. Ils éventrent les fourmilières et termitières de leurs fortes griffes et aspirent bruyamment les insectes avec leur langue gluante. Les espèces à long bec (ci-contre) mangent surtout des vers de terre. Dépourvus de dents, les échidnés broient leurs proies grâce à des plaques râpeuses ou des épines situées dans leur bouche. Tous chassent de jour comme de nuit.

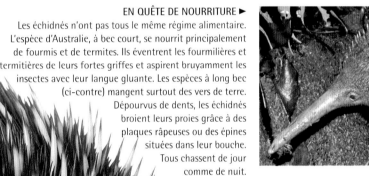

Les longs piquants sont des poils modifiés.

Grandes pattes griffues efficaces pour creuser

Roulés en boule hérissée de piquants, les échidnés dissuadent la plupart des prédateurs.

Bec légèrement remontant

▲ DE DRÔLES DE BÊTES

Avec leur bec allongé, leur corps épineux et les grosses griffes de leurs pattes avant, les échidnés ont aussi un étrange aspect. Présents en Australie et en Nouvelle-Guinée, ceux à bec court (ci-dessus) sont plus répandus que les espèces à bec long, comme l'échidné de Bruijn. Ces derniers, plus gros mais moins épineux, vivent essentiellement dans les reliefs de la Nouvelle-Guinée. Deux nouvelles espèces à bec long ont été identifiées récemment.

Monotrème

AUTOPROTECTION ▲

Les échidnés utilisent plusieurs moyens pour se défendre contre les prédateurs, essentiellement les renards et dingos. Leur corps entier, queue et oreilles comprises, est recouvert de piquants. Lorsqu'ils sont menacés, ils s'enroulent sur eux-mêmes en une boule serrée, difficile à ouvrir, ou bien ils s'enterrent ne laissant apparaître que le haut des piquants. Ils s'enterrent également pour échapper à la chaleur torride de l'été et au froid intense des montagnes en hiver, période durant laquelle leur température chute pour économiser de l'énergie.

LES PREMIERS TEMPS DE LA VIE

Comparés à la plupart des classes d'animaux, les mammifères dépensent beaucoup d'énergie dans les soins et l'éducation apportés à leurs petits. Le premier aliment du mammifère nouveau-né est le lait maternel, riche de tous les nutriments dont il a besoin, mais également des anticorps pour combattre les maladies. La période d'allaitement des mammifères est variable. Chez les lièvres et les souris, elle ne dure qu'une ou deux semaines, chez les éléphants, les rhinocéros et autres grands mammifères, elle s'étale sur plusieurs années. La grande majorité des mammifères laisse l'éducation de la progéniture à la seule charge de la femelle. Quelques espèces font exception, comme le ouistiti, chez lequel le mâle participe.

◄ LA GIRAFE ALLAITANTE

Chez tous les mammifères placentaires et les marsupiaux, le lait sort des mamelles. Celles des ongulés, comme les girafes, sont situées entre les pattes postérieures. La girafe femelle pousse son nouveau-né vers ses mamelles qui, stimulées par la tétée du girafon, se mettent à produire du lait. Téter est un réflexe instinctif chez tous les mammifères. Les jeunes girafons commencent à manger d'autres aliments au bout de quelques mois, mais continuent à téter pendant un an.

Le grand dauphin naît au terme de douze mois de gestation.

MAMAN DAUPHIN ET SON PETIT ▲

Le dauphin nouveau-né commence à téter le lait maternel quelques minutes à peine après sa naissance. Il plonge sous sa mère pour atteindre le sillon renfermant le mamelon qui expulse le lait dans sa bouche. La mère allaite son petit pendant un an, tout en l'habituant progressivement à un régime d'adulte pour le sevrer en douceur. Chez la plupart des mammifères, le sevrage se fait ainsi progressivement.

Le girafon doit se baisser pour atteindre le mamelon de sa mère.

▲ UN LIQUIDE TRÈS NOURRICIER

Cette petite otarie tète au mamelon sous la nageoire de sa mère. Plus riche en graisse que celui des autres mammifères, le lait des pinnipèdes assure aux petits une croissance rapide. La durée de l'allaitement varie selon les espèces : chez le phoque à capuchon, elle n'est que de quatre jours alors que chez les otaries à fourrure, elle atteint huit mois. Cette femelle d'otarie, après huit jours passés à terre avec son petit, le quittera pour aller pêcher en mer plusieurs jours d'affilée revenant régulièrement pour l'allaiter.

UNE CROISSANCE RAPIDE

LE JOUR DE LA NAISSANCE
Certains mammifères mettent plusieurs années à devenir adultes. Chez la souris grise, la croissance est, au contraire, très rapide. La femelle met bas une portée d'une dizaine de petits 20 jours après l'accouplement. Les nouveau-nés sans défense naissent dans un nid de paille, d'herbes et de mousse qui les maintient au chaud.

À DEUX JOURS
À la naissance, les nouveau-nés des souris sont aveugles et nus et l'on a peine à les identifier comme des rongeurs. Ils sont totalement dépendants de leur mère qui les réchauffe en s'enroulant autour d'eux. Deux jours après la naissance, les yeux, les membres et la queue commencent à se développer.

À QUATRE JOURS
Quatre jours après la naissance, les petits commencent à ressembler à des souris, avec des oreilles, des pattes qui continuent à se développer. Ils poussent de petits cris aigus pour attirer l'attention de la mère et réclamer chaleur et nourriture. Ils commencent à gigoter dans le nid.

À SIX JOURS
À six jours, la fourrure a commencé à pousser. Passant toujours beaucoup de temps à dormir ou à téter, les souriceaux deviennent cependant de plus en plus entreprenants. À cet âge, leurs cris peuvent attirer des prédateurs. Si une portée est tuée, la mère est capable de la remplacer très vite par une nouvelle portée.

À QUATORZE JOURS
À deux semaines, les souriceaux ont entrepris de sortir du nid pour explorer les environs. Ils commencent à consommer des graines et ne seront bientôt plus dépendants du lait maternel. Dans quelques jours ils devront quitter définitivement le nid et se débrouiller tout seuls.

DES SOINS DE TOUS LES INSTANTS ▶
Chez les primates, les femelles transportent généralement leurs petits lorsqu'elles se déplacent dans les arbres à la recherche de nourriture. Le petit s'accroche sur leur dos ou sous leur ventre. Les singes mettent au monde nettement moins de petits que les rongeurs et passent beaucoup plus de temps à s'en occuper. Ainsi, ce jeune cercopithèque mone restera un an avec sa mère avant de devoir se débrouiller tout seul.

@ ▶▶
Croissance

Main munie d'un pouce opposable pour s'accrocher aux branches.

Le bébé tète lorsque sa mère s'arrête pour se nourrir.

La queue fait office de balancier, équilibrant la surcharge due à la présence du petit.

◀ DES PÈRES ATTENTIONNÉS
Chez la plupart des mammifères, l'éducation des petits est à la charge de la mère. Les petits des loups, en revanche, qui naissent par portées de quatre à sept, sont élevés par les deux parents et même par d'autres adultes de la meute. Chaque meute possède une hiérarchie très stricte, où seul le mâle dominant, appelé mâle alpha, et sa femelle ont le droit de se reproduire. En aidant les anciens, les animaux plus jeunes acquièrent l'expérience qui leur sera utile lorsqu'ils formeront leur propre meute et éduqueront leurs petits.

LA CROISSANCE ET L'APPRENTISSAGE

De nombreux mammifères continuent à s'occuper de leurs enfants longtemps après le sevrage. Alors que les petits des rongeurs deviennent rapidement indépendants, les primates, les baleines et les éléphants femelles restent généralement toute leur vie dans le même groupe. Pour apprendre à se procurer leur nourriture et à éviter les dangers, les jeunes mammifères copient le comportement de leurs parents et, parfois, d'autres adultes. Lorsqu'ils grandissent au sein d'un groupe, ils apprennent aussi à établir des rapports avec les autres membres. Le jeu est une méthode d'apprentissage commune à tous les mammifères.

@▶▶
Croissance

Les pieds et les mains très mobiles des orangs-outans leur assurent une très bonne prise.

◀ BEAUCOUP À APPRENDRE

Les jeunes primates mettent plus de temps à devenir adultes que n'importe quel autre mammifère. Chez les grands singes, les femelles n'élèvent que trois à quatre jeunes durant les 20 ans où elles sont fécondes. Ce petit orang-outan restera avec sa mère pendant huit ans. Tout en acquérant des compétences physiques et la coordination des mouvements, le jeune découvre le monde environnant à travers des séries de tentatives et d'erreurs. Les jeunes primates, naturellement curieux, ramassent et inspectent tout objet inhabituel qu'ils trouvent.

◀ NOURRI PAR LA MEUTE

Les liens au sein du groupe sont très forts chez les canidés. Les chiens sauvages d'Afrique, ou lycaons, vivent en meutes et tous les adultes apportent de la nourriture aux jeunes. Après trois mois passés à boire le lait maternel, les petits passent à une nourriture carnée rapportée par les chasseurs. Lorsque le chiot jappe et lèche le museau d'un adulte pour lui signifier qu'il a faim, ce dernier régurgite un repas de viande pré-mastiquée.

◀ APPRENDRE À CHASSER

La loutre d'Europe met bas jusqu'à trois petits dans des terriers dans les berges des rivières. Aveugles et sans défense à la naissance, ils apprennent à nager vers l'âge de deux mois. À trois mois, ils sont sevrés, mais restent avec leur mère une année entière. La femelle leur montre comment attraper le poisson, qu'elle relâche à moitié mort afin qu'ils s'exercent à chasser. Les petites loutres sont très joueuses.

En jouant à se mordre, les renardeaux apprennent à se servir de leurs dents.

UNE INDÉPENDANCE PRÉCOCE ▶
Chez les petits mammifères tels les rongeurs, les jeunes deviennent indépendants dès leur sevrage. À quelques mois à peine, le jeune écureuil gris quitte le nid et doit se débrouiller seul. N'ayant pas eu l'occasion de les acquérir auprès de sa mère, il trouve instinctivement les techniques pour survivre, comme l'habitude d'amasser des noix en automne et le réflexe de grimper aux arbres pour échapper au danger. Bientôt à maturité, le jeune animal ci-contre commencera à se reproduire.

▲ L'IMPORTANCE DU JEU
Les jeunes mammifères, comme ces renardeaux, passent beaucoup de temps à jouer avec leurs frères et sœurs. Chez toutes les espèces, les jeux de bagarre contribuent à muscler les pattes des petits tout en les exerçant à traquer et à bondir. Pour les renardeaux, ces combats sont aussi l'occasion de connaître leur rang dans le groupe familial. Les jeunes passent également beaucoup de temps en explorations, se familiarisant ainsi avec leur environnement.

ÉLÉPHANT : JUSQU'À 77 ANS

DAUPHIN : JUSQU'À 65 ANS

HIPPOPOTAME : JUSQU'À 54 ANS

CHIMPANZÉ : JUSQU'À 53 ANS

RHINOCÉROS : JUSQU'À 50 ANS

BISON : JUSQU'À 40 ANS

OURS POLAIRE : JUSQU'À 30 ANS

TIGRE : JUSQU'À 26 ANS

LAPIN : JUSQU'À 10 ANS

SOURIS : JUSQU'À 6 ANS

▲ L'ÉMANCIPATION
Dans la savane africaine, les guépards mettent au monde des portées de deux à quatre petits. Comme les autres carnivores, les jeunes guépards passent beaucoup de temps à se chamailler, exerçant ainsi leurs dents et leurs griffes acérées. Ils s'entraînent aussi à la course en se pourchassant. Tolérants, les parents servent parfois de cible aux jeux de leur progéniture. Au bout de 13 à 20 mois, il est temps de quitter la mère mais parfois, frères et sœurs restent ensemble pendant des années, particulièrement les frères.

◀ L'ESPÉRANCE DE VIE
D'une façon générale, les grandes espèces vivent plus longtemps que les petites. Les baleines, les éléphants et les hippopotames sont parmi les mammifères qui vivent le plus vieux mais, grâce à la médecine moderne, les êtres humains sont les champions de la longévité. Les petites espèces comme les rongeurs résistent rarement plus d'un an à l'état sauvage, mais survivent plus longtemps en captivité.

▼ LES TROUPEAUX D'ÉLÉPHANTS
Avant de devenir adultes, les éléphanteaux vivent plusieurs années en sécurité au sein du troupeau, composé de plusieurs femelles et de leur progéniture. En observant les adultes, les petits apprennent toutes les techniques nécessaires, comme de se servir de leur trompe, mais aussi les règles de société. Adulte, le mâle n'est autorisé à se joindre à la troupe que pour l'accouplement ; les jeunes mâles sont ainsi chassés lorsqu'ils atteignent la maturité. Les jeunes femelles restent et continuent leur apprentissage en aidant à s'occuper des plus jeunes.

L'INTELLIGENCE

Les mammifères ont un gros cerveau et sont généralement intelligents. Mais qu'est-ce que l'intelligence? Les scientifiques la définissent comme la capacité à apprendre, à utiliser les informations stockées dans la mémoire pour prendre des décisions et résoudre des problèmes. À des degrés divers, les singes, les dauphins et les rongeurs sont capables de résoudre des problèmes. L'intelligence est liée à la souplesse du comportement selon les situations, qui permet à des animaux comme les singes de s'adapter à des environnements nouveaux. Elle a aussi un lien avec la communication.

LA STRUCTURE DU CERVEAU

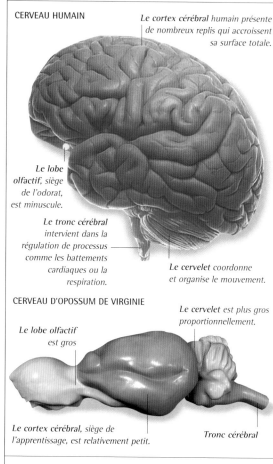

CERVEAU HUMAIN

Le cortex cérébral humain présente de nombreux replis qui accroissent sa surface totale.

Le lobe olfactif, siège de l'odorat, est minuscule.

Le tronc cérébral intervient dans la régulation de processus comme les battements cardiaques ou la respiration.

Le cervelet coordonne et organise le mouvement.

CERVEAU D'OPOSSUM DE VIRGINIE

Le cervelet est plus gros proportionnellement.

Le lobe olfactif est gros

Le cortex cérébral, siège de l'apprentissage, est relativement petit.

Tronc cérébral

Le cortex cérébral, en rose ci-dessus, est la partie «pensante» du cerveau, qui stocke et traite les informations. Gros et très développé chez les mammifères comme les primates, il est petit chez les espèces comme l'opossum de Virginie. Celui des êtres humains est parcouru de nombreuses circonvolutions (replis) qui augmentent d'autant sa surface.

Chez l'opossum, le lobe olfactif, coloré en jaune ci-dessus, est bien développé, signe de la dépendance de l'animal du sens de l'odorat. Le cerveau des mammifères est parfois mesuré à partir du rapport entre le volume du cerveau et celui du corps. Chez l'éléphant, ce rapport est de 1/650e, chez le dauphin de 1/125e et chez l'homme de 1/40e. Ce dernier semble ainsi plus intelligent que les éléphants et les dauphins.

◀ LA LOUTRE DE MER ET SES OUTILS
La capacité à utiliser des outils est souvent considérée comme une marque d'intelligence. Les loutres de mer ouvrent les palourdes et les oursins à coquilles dures sur une pierre plate faisant office d'enclume, posée sur leur poitrine. Lorsqu'elles cherchent une pierre plate, elles plongent jusqu'à ce qu'elles trouvent celle qui leur convient. Ces animaux dorment en mer et s'enroulent dans de longues algues pour ne pas dériver pendant leur sommeil.

Pierre plate pour casser les coquilles

◀ L'INTELLIGENCE CHEZ LES PRIMATES
Le chimpanzé est le plus proche parent de l'homme. Il utilise une grande variété d'outils, telle cette brindille qu'il enfonce dans une termitière pour déranger les insectes avant de la ressortir chargée de termites et de l'enfourner dans sa bouche comme une cuillère improvisée. Plusieurs espèces d'oiseaux, dont les pinsons des Galápagos, font un usage semblable des brindilles. Mais le chimpanzé, lui, façonne son outil pour le rendre plus performant, retirant les aspérités afin qu'il pénètre plus profondément dans la termitière, prouvant ainsi sa capacité à se faire une image mentale du fonctionnement de l'outil. Dans les centres de recherche, les chimpanzés ont été formés à utiliser le langage des signes et même à se servir d'un clavier informatique avec des symboles pour communiquer avec les êtres humains.

▲ CHASSE COORDONNÉE

Plusieurs espèces de cétacés chassent en groupe, soit en
encerclant les bancs de poissons, soit en les repoussant dans
les eaux peu profondes, comme ci-dessus. Les scientifiques
ont formé des dauphins à réagir à une série de commandes
humaines. Les recherches suggèrent qu'ils sont capables de
partager les connaissances acquises en communiquant par sons.
Il est néanmoins difficile de mesurer l'intelligence des cétacés,
dont l'environnement naturel est tellement différent du nôtre.

▲ L'INTELLIGENCE HUMAINE

L'utilisation des outils par l'homme est très ancienne, datant
de plus de 2,5 millions d'années. Il utilise un langage articulé
complexe pour communiquer et, depuis des milliers d'années,
des symboles écrits. Il est capable d'édifier toutes sortes de
structures et d'inventer de nouvelles méthodes de production
de nourriture. Sa technologie lui a permis de se poser sur la
Lune (ci-dessus), d'explorer les profondeurs des océans et,
grâce à la médecine moderne, de prolonger sa vie.

@ ᗯ
Comportement
animal

L'INTELLIGENCE CANINE MISE À PROFIT

Les loups, renards et autres canidés sont intelligents et adaptables,
capables d'exploiter de nouvelles sources d'alimentation quand
l'occasion se présente. Depuis des siècles, l'homme sélectionne
des races de chiens, descendants des loups, capables d'apprendre
à travailler avec eux : chiens de bergers ou guides pour aveugles,
chiens policier pour traquer les criminels, ou chiens de sauvetage pour
retrouver des survivants sous les décombres d'immeubles effondrés.

**LA SOLUTION
DU PROBLÈME ▲**

Les rongeurs apprennent vite. Les rats
sont capables de trouver leur chemin dans
des labyrinthes, les écureuils de s'orienter
dans une course d'obstacles compliquée
pour atteindre une récompense alimentaire,
franchissant des barrières et actionnant divers
leviers et commandes. Ces aptitudes dénotent
chez eux l'existence d'une mémoire. Leur capacité
d'adaptation a permis aux rongeurs de coloniser
de nombreux habitats, y compris les villes
et les villages.

LES PRIMATES

Les primates sont un ordre de mammifères diversifié habitant principalement les forêts. La plupart possèdent des pieds préhensiles, un corps poilu et une face ronde dont les yeux sont orientés vers l'avant, ce qui leur procure une bonne vision. La classification des primates a été récemment revue. L'ordre est divisé en deux groupes : d'une part les strepsirhiniens, primates primitifs qui comptent les lémuriens, les loris et les galagos, et, d'autre part, les haplorhiniens, primates supérieurs comprenant les tarsiers (petits primates nocturnes que l'on classait avant parmi les strepsirhiniens), les singes et... l'homme.

Les bras sont plus longs que les jambes.

Corps presque entièrement couvert d'une épaisse fourrure

Les bras servent à se déplacer dans les arbres, le poids du corps étant utilisé comme un pendule.

LES PRIMATES ANTHROPOMORPHES ▲

Les primates anthropomorphes (qui ressemblent à l'homme) sont divisés en deux groupes, le premier réunissant les gorilles, l'orang-outan, les chimpanzés et l'homme, le second constitué par les gibbons, tel le siamang représenté ci-dessus. Tous possèdent de longs bras musclés que certains utilisent pour se déplacer dans les arbres en se balançant de branche en branche. Ce mode de déplacement est appelé brachiation. Les siamangs vivent en petits groupes dans les forêts.

Une femelle de macaque toilette son petit pour le débarrasser des saletés et des parasites.

LES DIFFÉRENCES DE SQUELETTE

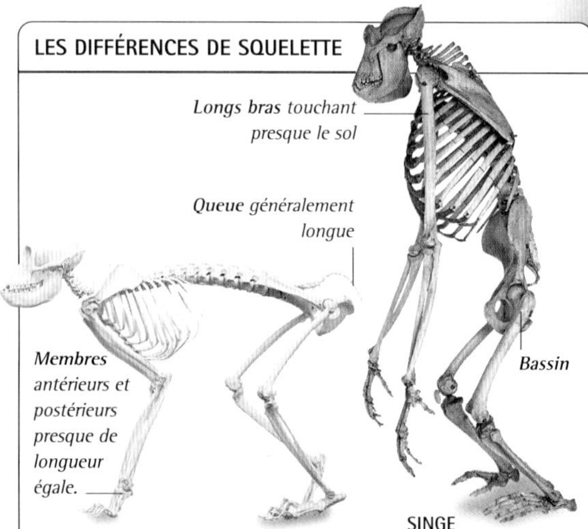

Longs bras touchant presque le sol

Queue généralement longue

Membres antérieurs et postérieurs presque de longueur égale.

Bassin

SINGE NON ANTHROPOMORPHE

SINGE ANTHROPOMORPHE

Le squelette des singes non anthropomorphes est généralement adapté à la marche à quatre pattes, les membres postérieurs étant légèrement plus longs que les antérieurs. Ceux qui vivent dans les arbres possèdent une longue queue (le macaque représenté ci-dessus fait exception) qui fait office de balancier et leur sert parfois à se suspendre. Les singes anthropomorphes, comme les gorilles, n'ont pas de queue, une face plus aplatie, un large poitrail et des bras très mobiles. La structure et l'angle de leur bassin leur procurent une station plus verticale.

◄ LES SOINS AUX JEUNES

La plupart des primates donnent naissance à un seul petit à la fois, rarement à des jumeaux. Les mères, comme cette femelle de macaque, passent plusieurs années à élever son petit. Les jeunes chimpanzés et les jeunes gorilles tètent jusqu'à l'âge de quatre ans. Les primates vivent généralement en communautés dont la taille varie du petit groupe familial à des bandes de plusieurs centaines d'individus. Dans toutes les sociétés, on observe une certaine hiérarchie, les animaux les plus âgés dominant les plus jeunes.

*La peau de la paume
de la main permet
une bonne prise.*

*D'un balancement,
le singe se déplace
de 3 m.*

Primate

LE MOUVEMENT

LA MARCHE DEBOUT
Les primates anthropomorphes, comme ce gorille, sont des bipèdes : ils se tiennent debout et peuvent marcher sur leurs pattes de derrière. Les singes de ce groupe sont de bons grimpeurs ; certains se font un nid dans les arbres pour la nuit. Ils peuvent se déplacer dans les arbres par brachiation. Dotés de muscles puissants, les gorilles ont une force considérable.

A QUATRE PATTES
La majorité des primates sont des quadrupèdes et se déplacent donc à quatre pattes. Leurs bras et leurs jambes sont à peu près de même longueur. Les babouins ci-contre vivent dans la savane où ils passent le plus clair de leur temps au sol. Ce sont aussi de bons grimpeurs qui se réfugient dans les arbres ou les rochers en cas de danger.

SUSPENSION ET SAUT
Les lémuriens sont des primates de Madagascar. Le corps vertical, ils bondissent de branche en branche pour s'accrocher à l'une d'elles de leurs pattes robustes. Nombre d'espèces possèdent une longue queue. Au sol, le sifaka ci-contre se déplace par bons de côté sur ses pattes de derrière en se servant de ses bras comme balanciers.

*Doigts
pourvus de
coussinets
ronds.*

*Doigt
allongé*

*Gros orteil
opposable*

*Intervalle
large entre
le gros orteil
et les autres
doigts.*

*Doigts
mobiles*

*Griffes de
toilettage*

MAIN DE AYE-AYE	PIED DE AYE-AYE	MAIN DE TARSIER	PIED DE TARSIER	MAIN DE CHIMPANZÉ	PIED DE CHIMPANZÉ

*Long nez servant peut-être à attirer
les femelles*

▲ LES MAINS ET LES PIEDS
Les primates possèdent des mains et des pieds à cinq doigts présentant souvent un pouce opposable pour former une pince. Mains et pieds sont adaptés à des modes de vie différents. Le aye-aye, un lémurien, a des mains griffues et présente un doigt plus long et plus fin que les autres, lui permettant de dénicher des larves cachés sous l'écorce des arbres. Les tarsiers ont des doigts et des orteils à l'extrémité rembourrée pour pouvoir grimper facilement. Les chimpanzés ont des mains et des pieds mobiles et très agiles.

▲ LES SINGES DU NOUVEAU MONDE
Les singes du Nouveau Monde (Amérique), parmi lesquels figurent les ouistitis, les tamarins et les singes araignées, forment un groupe particulier par rapport aux singes de l'Ancien Monde (Afrique et Asie). Ils présentent un nez large et des narines écartées. Leur pouce n'étant pas opposable, ces primates bondissent d'arbre en arbre tels les écureuils. Les singes araignées (ci-dessus) ont de longs membres et une queue préhensile.

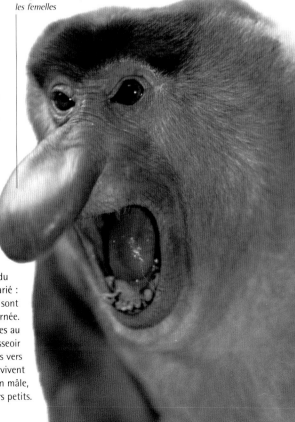

LES SINGES DE L'ANCIEN MONDE ▶
Les babouins, les cercopithèques, les macaques, les mandrills, les langurs, les colobes et les nasiques, comme celui représenté ci-contre, sont tous des singes de l'Ancien Monde. Souvent plus grands que leurs homologues du Nouveau Monde, leur habitat est varié : forêts, marécages ou prairies. Ils sont en général actifs pendant la journée. Ils présentent des rembourrages au niveau du postérieur pour s'asseoir et un nez étroit aux narines orientées vers l'avant ou vers le bas. Les nasiques vivent en petits groupes constitués d'un mâle, de six à dix femelles et de leurs petits.

LA VIE EN GROUPE

Certains mammifères mènent une vie solitaire et ne se rassemblent que pour se reproduire et élever leurs petits. D'autres, en revanche, sont des espèces sociales, vivant en communautés dont la taille varie du petit groupe familial à des troupeaux de centaines ou milliers d'individus. La vie en groupe permet à ces animaux de trouver la nourriture et d'échapper plus facilement aux dangers. Ainsi, le nombre permet aux prédateurs tels que les lions, les loups ou les dauphins de chasser en groupes coordonnés. Quant à leurs proies, plus elles sont nombreuses à monter la garde et à donner l'alerte, meilleures sont leurs chances de survie. Chez certaines espèces, tous les adultes du groupe participent à l'élevage des jeunes. L'inconvénient lié à ce mode de vie est que le partage de la nourriture pose des problèmes lorsque celle-ci se fait rare.

Les yeux orientés vers l'avant procurent une bonne vision.

Sentinelles à l'affût du danger

UNE COLONIE DE SURICATES ▶
En Afrique du Sud, les suricates vivent en colonies de 30 à 50 animaux dans un réseau de terriers souterrains. Ces mammifères, qui appartiennent à la famille des mangoustes, sont très organisés. Tous les membres du groupe participent collectivement aux soins des petits. Lors de la recherche de nourriture, les adultes se postent tour à tour en sentinelle. Quand l'un d'eux repère un prédateur – serpent ou rapace, par exemple –, il aboie pour avertir ses congénères qui courent tous se mettre à l'abri.

Société animale

Une lionne tient le gnou pour l'empêcher de s'échapper.

Une lionne tue la victime en la serrant à la gorge tandis que d'autres la maintiennent.

◀ PARTIE DE CHASSE
Cas rare parmi les félins, les lions sont des animaux sociaux. Les groupes sont le plus souvent constitués de 6 à 12 individus : en général des lionnes avec leurs lionceaux et un ou deux mâles, souvent leurs frères. Les lions défendent leur communauté contre les autres mâles tandis que les lionnes assurent la chasse et allaitent les petits, parfois de façon communautaire. Leur coordination leur permet de s'attaquer à de grosses proies comme les zèbres et les buffles, qui pourraient facilement échapper à une lionne seule.

Les petits sont élevés par la colonie toute entière.

Les suricates se dressent sur leurs pattes de derrière pour guetter les ennemis.

Les éléphanteaux grandissent sous la protection du troupeau.

▲ SOUS LA CONDUITE D'UNE FEMELLE

Dans les savanes africaines, les éléphants femelles et leurs petits vivent en groupes d'environ dix individus aux liens étroits. Le troupeau est dirigé par la matriarche, femelle la plus expérimentée, qui le guide vers les pâturages et l'eau. Lors d'une naissance, toutes les femelles apportent leur aide pour élever et protéger le nouveau-né. Au début de leur vie, les éléphanteaux s'écartent rarement de leur mère de plus d'une longueur de trompe.

Le mâle se distingue par sa taille et une crinière de poils autour du cou.

▲ C'EST LE MÂLE QUI COMMANDE

Les babouins vivent en grandes troupes d'une cinquantaine d'individus des deux sexes. La communauté est dirigée par le mâle dominant qui est le premier à manger et qui peut choisir ses compagnes. Il conquiert d'abord ce rang en combattant ses rivaux à coups de canines et le conserve par des démonstrations d'agressivité. Le rite de la toilette, comme on le voit ici, renforce les liens entre les membres du groupe et l'ordre hiérarchique bien établi, dans lequel les animaux les plus âgés dominent les plus jeunes.

▲ DES TÊTES CHANGEANTES

Les cerfs forment des hardes constituées d'animaux du même sexe la plus grande partie de l'année. Les hardes de femelles sont menées par une biche dominante, tandis que les mâles forment des groupes aux liens moins forts. En saison de reproduction, les mâles s'affrontent pour prendre momentanément le contrôle des hardes de femelles avec lesquelles le vainqueur s'accouplera.

▲ UN CERCLE DÉFENSIF

Dans l'Arctique, les bœufs musqués vivent en troupeaux mixtes de 15 à 20 animaux. La vie en groupe procure aux petits la sécurité face aux prédateurs. Lorsqu'une meute de loups approche, les adultes forment un cercle, cornes pointées vers l'extérieur, les jeunes étant bien à l'abri au centre. Si un bœuf quitte le groupe pour charger les attaquants, les autres resserrent les rangs.

LA COMMUNICATION

C'est grâce à la communication que les mammifères peuvent trouver un partenaire et élever leurs petits. Ceux qui vivent en groupe communiquent pour coordonner la chasse ou guetter le danger. Les mammifères sociaux, tels que les loups, les chimpanzés et les dauphins, ont recours à une gamme de signaux complexes pour interagir avec leurs congénères. Les sens des mammifères se sont adaptés pour transmettre des messages divers par des signaux visuels, des odeurs, des sons, ainsi que par le langage corporel et le toucher.

LES EXPRESSIONS FACIALES

LA PEUR
Les chimpanzés vivent en groupes où règne un ordre hiérarchique strict des plus âgés aux plus jeunes. Ces primates utilisent une gamme d'expressions du visage pour indiquer leur place dans la communauté. Un jeune intimidé par un individu plus âgé montre sa crainte en ouvrant les lèvres tout en serrant les dents.

LA SOUMISSION
Après un différend, les jeunes calment leurs aînés par une expression indiquant la capitulation ou la soumission. Ils sourient en faisant la moue, la bouche à demi-ouverte, ce qui signifie «ne me fais pas de mal, s'il te plaît». Cette expression rappelle celle de l'homme lorsqu'il se force à sourire.

L'EXCITATION
Lorsque les jeunes chimpanzés jouent, ils montrent leur excitation en ouvrant la bouche et laissant voir leurs dents mais sans agressivité. En même temps, ils crient et grognent. En plus des expressions du visage, ils communiquent grâce à plus de trente émissions sonores, comprenant entre autres des cris perçants, des hurlements et des hululements.

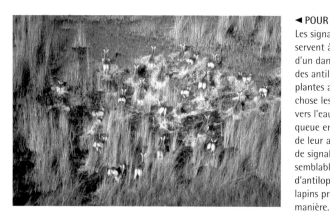

◄ POUR SIGNALER LE DANGER
Les signaux visuels et les sons servent à avertir le troupeau d'un danger. Les cobes lechwes, des antilopes, broutent les plantes aquatiques. Si quelque chose les effraie, elles galopent vers l'eau plus profonde la queue en l'air, exposant le blanc de leur arrière-train en guise de signal d'alarme pour leurs semblables. Beaucoup d'antilopes, de cervidés et les lapins procèdent de la même manière.

LANGAGE CORPOREL ►
Les loups vivent en meutes de 8 à 20 individus soumis à un ordre hiérarchique très strict, les plus âgés dominant les plus jeunes. Cette hiérarchie est renforcée par un langage corporel et diverses émissions sonores. Les loups dominants montrent leur rang en redressant la tête, les oreilles et la queue, tandis que les jeunes expriment la soumission en reculant, oreilles couchées et queue entre les jambes. Quand ils s'affrontent, les adversaires manifestent leur agressivité en grondant tout en découvrant les dents.

@ ►►
Communication animale

Les poils du cou sont hérissés pour paraître plus impressionnant.

Le jeune loup est dans une attitude de défi : il gronde les oreilles rabattues.

Le chef de meute affiche sa domination, oreilles et queue hautes.

◄ COMMUNICATION TACTILE

Le toucher est un bon moyen de communication de proximité. Les animaux qui s'entendent bien se toilettent mutuellement. Cette activité purement sociale est appréciée des chevaux et des zèbres et renforce les liens entre les individus. En outre, cette position où la tête de l'un regarde vers la croupe de l'autre permet de guetter les prédateurs de tous côtés.

LE LANGAGE DES DAUPHINS ►

Les dauphins sont des mammifères sociaux qui vivent et chassent en troupeaux d'une vingtaine d'animaux. Pour trouver et attraper leur nourriture par l'écholocalisation et pour communiquer entre eux, ils utilisent une gamme de sons variés : sifflements, petits cris aigus, gémissements, cliquetis. Chaque dauphin possède son sifflement de signature, qui lui permet de s'identifier et de faire savoir à ses semblables où il se trouve. Étant dépourvu de cordes vocales, on pense que le dauphin émet des sons grâce à des sacs aériens situés dans ses conduits respiratoires.

▲ DES SIGNAUX ODORANTS

Les makis cata vivent en groupes de 20 à 40 animaux. Ils utilisent leur queue annelée pour transmettre différents messages à leurs semblables, ces signaux visuels étant souvent renforcés par des signaux odorants. En effet, les mâles repoussent leurs rivaux en émettant une odeur grâce à des glandes dermiques situées sur la queue, qu'ils agitent afin que la diffusion soit la plus large possible. Ces affrontements odoriférants peuvent durer une heure ou plus. L'odeur leur sert également à marquer leur territoire en la déposant sur les végétaux, ce que l'animal ci-dessus est en train de faire.

Ce singe vert femelle réprimande son petit en grondant et en montrant ses dents.

Le jeune singe vert exprime sa soumission en reculant et en cachant ses dents.

▲ UNE COMMUNICATION COMPLEXE

Les singes verts sont des primates sociaux des forêts et savanes africaines. Les scientifiques ont découvert que ces mammifères utilisent une large gamme d'appels pour indiquer non seulement des sentiments et des intentions mais aussi avertir de divers dangers. Si l'un d'eux repère un léopard approchant dans les herbes, il émet un signal d'alerte pour que ses semblables grimpent aux arbres. Mais si le danger vient d'un rapace dans les airs, le signal est différent afin que tous se cachent au sol.

À CHACUN SON TERRITOIRE

De nombreuses espèces de mammifères défendent un territoire contre les intrusions de la part de leurs semblables. Il s'agit d'espaces individuels, qui fournissent aux animaux leur nourriture, parfois un lieu sûr où se reposer, ou bien où ils attireront leurs partenaires sexuels. Ces territoires sont de taille très variable ; certains appartiennent à un groupe, d'autres à un couple de parents ou bien à un seul individu. Chez les cervidés et les antilopes entre autres, les mâles délimitent des territoires seulement pour la saison des amours. Ils repoussent les autres mâles par des odeurs, des sons et des messages visuels spécifiques.

BATAILLE POUR UN TERRITOIRE ▶
Les hippopotames mâles ont un sens aigu du territoire. Chaque animal défend son bord de rivière où vit un groupe de femelles et leurs petits dont il est le père. Quand deux mâles se rencontrent, chacun essaie d'intimider l'autre en ouvrant largement la bouche pour découvrir ses énormes canines. Si aucun ne recule, le combat est inévitable. Les deux animaux s'affrontent en rugissant et en mordant, ces luttes violentes pouvant se terminer par des blessures et même la mort.

La bouche grande ouverte est un signe d'agressivité.

Les canines de 50 cm de long peuvent infliger des blessures profondes.

▲ N'APPROCHEZ PAS !
Dans les forêts pluviales d'Amérique du Sud, les singes hurleurs vivent en petits groupes constitués d'un mâle et de plusieurs femelles. Chaque communauté revendique la propriété d'une étendue de forêt où les animaux trouvent leur nourriture. Ces singes repoussent les groupes rivaux par leurs forts hurlements qui s'entendent à 3 km à la ronde. Le singe hurleur mâle, doté d'un grand larynx qui amplifie ses émissions sonores, possède le cri le plus puissant de tous les animaux terrestres.

@▸ Territoire animal

▲ AFFRONTEMENTS DANS L'ARÈNE

Les cobes font partie des mammifères qui délimitent un territoire pour la saison des amours. Chaque mâle revendique un terrain, appelé arène, mesurant 15 m de diamètre, où il parade pour attirer les femelles. Les mâles se battent pour les meilleurs emplacements, se repoussant en entremêlant leurs cornes, mais ces bagarres entraînent rarement des blessures graves. Les femelles se promènent sur les arènes et choisissent les vainqueurs comme partenaires.

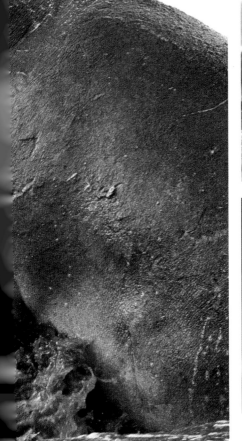

◄ MARQUAGE PAR L'ODEUR

Le guépard, comme de nombreux carnivores, marque son territoire par des odeurs qui subsistent longtemps après son passage. Il se tourne contre un arbre et asperge le tronc d'un jet d'urine très odorante. Ce signal indique aux autres guépards le sexe, l'âge et le statut reproducteur de l'animal qui l'a émis. L'animal marque aussi son territoire par de la salive en frottant ses joues et son menton contre les arbres et les rochers.

◄ PLAGES BONDÉES

En saison de reproduction, les pinnipèdes se rassemblent sur les rivages. Les mâles s'affrontent pour une portion de plage où ils garderont un harem de femelles et dont ils chasseront tout autre mâle s'approchant trop près. Les territoires étant délimités, les femelles donnent naissance à leurs petits, puis s'accouplent quelques jours plus tard. Cette otarie mâle rugit et se redresse dans le but de forcer une femelle à s'accoupler.

◄ TERRITOIRES DE CHASSE

Dans les forêts de l'Inde, chaque tigresse possède un territoire assez vaste pour pouvoir y chasser et se nourrir. La taille de ces territoires d'alimentation varie en fonction de la quantité de proies qui y vivent. La tigresse défend âprement son territoire contre les autres femelles mais laisse pénétrer les mâles. À l'instar des autres félins, les tigres marquent leur territoire d'une urine très odorante.

LES LOGIS DES MAMMIFÈRES

Comme d'autres animaux, bon nombre de mammifères sont amenés à s'abriter pour mettre bas et élever leurs petits en sécurité, pour se protéger des prédateurs ou des éléments. Leurs abris peuvent être de de types très variés. Certains ont une structure simple, d'autres sont des sphères de végétaux étroitement entremêlées ou encore des réseaux très étendus de galeries souterraines. Les animaux des forêts nichent souvent dans les arbres tandis que les espèces semi-aquatiques, comme les loutres et les ornithorynques, s'installent au bord des rivières. Dans les campagnes ouvertes, où la végétation offre peu de couvert, c'est sous terre que se réfugient les mammifères tels que les blaireaux et les lapins.

LE NID DE L'ORANG-OUTAN ▶
Si certains mammifères construisent un abri durable, d'autres se satisfont de structures temporaires. Parce que les orangs-outans se déplacent sans cesse dans les forêts d'Asie du Sud-Est, ils se font pour la nuit des nids de brindilles et de branches entremêlées, comme on le voit ici. Il en va de même, dans les forêts africaines, des chimpanzés et des gorilles, qui passent leur journée à terre à chercher leur nourriture mais grimpent dans les arbres au crépuscule afin d'échapper aux prédateurs qui rôdent au sol. Les chimpanzés se construisent un nouveau nid presque tous les soirs.

LES TENTES DE FEUILLES DES CHAUVES-SOURIS ▲
Certaines chauves-souris on trouvé un ingénieux moyen de s'abriter. Elles pratiquent une rainure dans de larges feuilles de palmier ou de bananier en les mordant en leur milieu. Les feuilles se plient le long de la rainure et retombent en forme de tente. Chaque structure peut abriter jusqu'à 50 occupants qu'elle protège de la pluie et du soleil, offrant les conditions requises pour se reposer. Selon les espèces, les tentes prennent la forme de tube, de cône ou de vase, d'autres ressemblent à des parapluies, comme celle représentée ici.

Le revêtement extérieur fait de végétaux résistants isole de la pluie.

Plateforme pour dormir faite de branches entrecroisées

▲ LE NID DES ÉCUREUILS
Les écureuils fabriquent des nids en forme de boule, souvent calés à la fourche d'un arbre, d'où le vent ne pourra pas les faire tomber. L'extérieur est constitué de branchettes et de feuilles entremêlées tandis que l'intérieur est tapissé de feuilles, de paille et de mousse. Ces rongeurs construisent plusieurs nids sur leur territoire. Si les nids d'été sont plutôt légers, ceux d'hiver et de mise bas, au printemps, sont généralement plus résistants.

▲ LA TANIÈRE DU BLAIREAU

Le blaireau fait partie des mammifères qui élisent domicile dans le sous-sol pour se protéger des ennemis et des intempéries. Sa tanière est un vaste réseau de galeries et de chambres pouvant descendre jusqu'à 18 m de profondeur. L'animal a des pattes antérieures puissantes et griffues qui lui servent à dégager la terre. Quand il creuse, ses oreilles et ses narines se ferment afin de se préserver de la poussière. Des générations successives peuvent habiter la même tanière.

▲ LA TANIÈRE DE L'OURS POLAIRE

Dans la zone glaciale arctique, la plupart des ours polaires restent actifs pendant l'hiver. Seules les femelles gravides creusent une tanière dans la neige ou la terre lorsque tombe la longue nuit polaire. Elles y mettent bas de un à quatre oursons entre novembre et janvier. Tout au long du rude hiver, la mère reste à l'intérieur et allaite ses petits. À l'arrivée du printemps, la famille quitte la tanière et la femelle affamée part à la chasse. Les oursons restent avec leur mère pendant deux ans encore.

@ ﷽
Construction
animale

▼ LES TERRIERS DU LAPIN

Les lapins vivent en groupes familiaux dans des réseaux de terriers parfois très vastes et très ramifiés. Le terrier où a lieu la mise bas, appelé rabouillère, est différent du grand terrier familial et moins long. Il renferme une litière d'herbe et de poils où la femelle met bas de 3 à 7 lapereaux par portée. À l'aube et au crépuscule, les lapins quittent leurs galeries pour brouter l'herbe mais ils ne s'aventurent jamais très loin des entrées afin de pouvoir y disparaître rapidement si un prédateur s'approche.

Le mâle fait parfois le guet tandis que les autres se nourrissent.

LA CITÉ DES LAPINS VUE EN COUPE

① Les entrées sont assez larges pour les lapins mais pas pour les prédateurs comme les renards.

② Les chambres sont reliées par d'étroites galeries horizontales ou en pente.

③ Les galeries partent dans toutes les directions, s'étendant sur des dizaines de mètres sous terre.

④ Dans le sol meuble, les racines des arbres et les pierres consolident les parois des tunnels, empêchant leur effondrement.

⑤ Les terriers abritant les petits sont tapissés de mousse, d'herbe et de poils arrachés au poitrail de la mère.

LES MIGRATIONS

De nombreuses espèces animales entreprennent des migrations. Ces voyages périodiques, longs et fatigants, leur permettent de s'éloigner des régions où les conditions deviennent difficiles – grand froid, grosse chaleur, manque de nourriture ou d'eau – pour rejoindre des lieux plus favorables où, souvent, ils mettent bas et élèvent leurs petits. On trouve des oiseaux, des reptiles, des poissons, des amphibiens migrateurs, ainsi que des mammifères. Ainsi, le caribou en Amérique du Nord, les zèbres et les gnous dans les plaines africaines migrent en vastes troupeaux. Certaines chauves-souris, grâce à leurs capacités en vol, et, dans les océans, divers cétacés et pinnipèdes, franchissent également des distances considérables.

LES PULLULATIONS DE LEMMINGS

La plupart des migrations ont lieu à une période précise de l'année, en fonction des changements de saison. Les lemmings de Sibérie, quant à eux, peuvent migrer de façon inopinée tous les quatre ans environ : ce sont les irruptions, suscitées par la surpopulation. Pendant les années où la nourriture est abondante, ces rongeurs se multiplient rapidement jusqu'à ce que les ressources alimentaires ne suffisent plus. Les jeunes lemmings quittent alors en grand nombre les zones surpeuplées. Le besoin migratoire est si fort qu'ils peuvent même traverser de larges fleuves s'il le faut pour aller chercher plus loin leur nourriture.

LES GNOUS, ANIMAUX DU VOYAGE ►

La plupart des mammifères migrateurs se déplacent de façon périodique, mis à part les gnous qui passent la majeure partie de leur vie à voyager. Ces bovidés herbivores migrent en décrivant un grand cercle à travers les prairies africaines, à la recherche de l'herbe nouvelle qui pousse après les pluies. Ils se rassemblent en énormes troupeaux de dizaines de milliers de têtes pour traverser des collines au relief accidenté et des rivières à fort courant.

▲ LES MIGRATIONS NORD-SUD

Certains mammifères des régions tempérées et surtout des régions polaires entreprennent régulièrement de longs périples du nord vers le sud afin d'éviter le froid glacial. C'est le cas du caribou, ou renne, qui se déplace en énormes troupeaux comptant parfois 500 000 têtes. L'animal passe les longues journées d'été à brouter la toundra du Grand Nord canadien, puis migre vers le sud en automne pour hiverner à l'abri dans la taïga nord-américaine.

▲ LES MIGRATEURS DES MONTAGNES

La haute montagne a un rude climat aux étés courts et aux hivers longs et rigoureux. Pour échapper à ces conditions difficiles, les mammifères des montagnes comme les chamois migrent verticalement. En été, ils se nourrissent d'herbe et de fleurs dans les pâturages alpins situés près des sommets, où les prédateurs sont peu nombreux. En automne, ils descendent dans les vallées pour manger des jeunes tiges, des mousses et des lichens.

PÉRIPLES OCÉANIQUES ►

Au printemps, de nombreuses espèces de cétacés et de phoques entreprennent de longues migrations vers les eaux polaires pour s'y gaver de la nourriture qui abonde en cette saison. Les narvals que l'on voit ici sont des cétacés odontocètes qui passent le plus clair de leur vie à se nourrir aux confins de la banquise arctique. Ils retournent vers le sud pour donner naissance à leurs petits dans les eaux abritées des baies du Groenland et de Scandinavie.

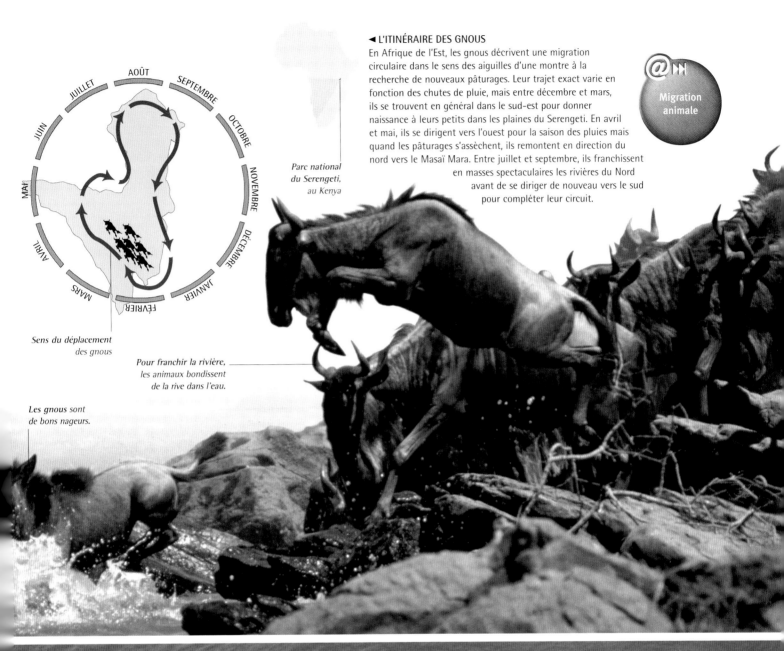

◄ L'ITINÉRAIRE DES GNOUS

En Afrique de l'Est, les gnous décrivent une migration circulaire dans le sens des aiguilles d'une montre à la recherche de nouveaux pâturages. Leur trajet exact varie en fonction des chutes de pluie, mais entre décembre et mars, ils se trouvent en général dans le sud-est pour donner naissance à leurs petits dans les plaines du Serengeti. En avril et mai, ils se dirigent vers l'ouest pour la saison des pluies mais quand les pâturages s'assèchent, ils remontent en direction du nord vers le Masaï Mara. Entre juillet et septembre, ils franchissent en masses spectaculaires les rivières du Nord avant de se diriger de nouveau vers le sud pour compléter leur circuit.

Migration animale

Parc national du Serengeti, au Kenya

Sens du déplacement des gnous

Pour franchir la rivière, les animaux bondissent de la rive dans l'eau.

Les gnous sont de bons nageurs.

HIBERNATION ET SOMMEIL

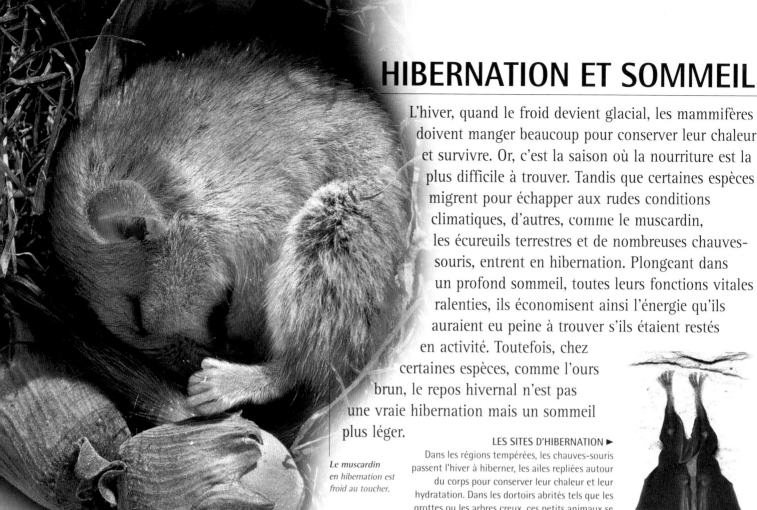

L'hiver, quand le froid devient glacial, les mammifères doivent manger beaucoup pour conserver leur chaleur et survivre. Or, c'est la saison où la nourriture est la plus difficile à trouver. Tandis que certaines espèces migrent pour échapper aux rudes conditions climatiques, d'autres, comme le muscardin, les écureuils terrestres et de nombreuses chauves-souris, entrent en hibernation. Plongeant dans un profond sommeil, toutes leurs fonctions vitales ralenties, ils économisent ainsi l'énergie qu'ils auraient eu peine à trouver s'ils étaient restés en activité. Toutefois, chez certaines espèces, comme l'ours brun, le repos hivernal n'est pas une vraie hibernation mais un sommeil plus léger.

Le muscardin en hibernation est froid au toucher.

Réserve de noisettes pour reprendre des forces lors du réveil, au printemps

▲ LE MUSCARDIN HIBERNANT

Le muscardin hiberne jusqu'à sept mois par an. Pendant les mois d'hiver, il est inactif et ne se nourrit pas mais survit grâce à sa réserve de graisse. Les écureuils volants, les marmottes et de nombreuses espèces de chauves-souris sont d'autres vrais hibernants. Ce sont tous des mammifères de petite taille dont la surface du corps est grande par rapport à leur masse corporelle. Ceci fait que leur température baisse plus vite que celle des grands mammifères. Par conséquent, ils ont besoin de beaucoup d'énergie pour maintenir leur température.

LES SITES D'HIBERNATION ▶

Dans les régions tempérées, les chauves-souris passent l'hiver à hiberner, les ailes repliées autour du corps pour conserver leur chaleur et leur hydratation. Dans les dortoirs abrités tels que les grottes ou les arbres creux, ces petits animaux se serrent les uns contre les autres afin de se tenir chaud. En dépit de cela, leur température interne descend pratiquement à la température de leur environnement. Certaines espèces survivent à des températures négatives tandis que d'autres migrent sur de longues distances à la recherche de sites plus cléments pour hiberner.

Le spermophile arctique se gave de baies en automne.

◀ DE VRAIS HIBERNANTS

En automne, les vrais hibernants, comme ce spermophile arctique, un écureuil terrestre, se préparent à l'hibernation en accumulant des réserves. Les baies étant disponibles en abondance, ils n'ont pas à chercher loin pour se nourrir et prennent vite du poids. La graisse brune qu'ils développent alors est non seulement isolante, mais elle est en outre d'une nature particulière, pouvant servir à maintenir la température de l'organisme si la température extérieure descend trop bas.

FONCTIONS VITALES D'UN VRAI HIBERNANT : LE MUSCARDIN

	EN HIBERNATION	EN ACTIVITÉ
RYTHME CARDIAQUE	1-10 BATTEMENTS/MINUTE	100-200 BATTEMENTS/MINUTE
TEMPÉRATURE INTERNE	2–10 °C	35–40 °C
SOMMEIL	PERMANENT	DORT LE JOUR
PERTE EN EAU	PRATIQUEMENT NULLE	PAR LES CROTTES ET L'URINE
RYTHME RESPIRATOIRE	MOINS DE 1 /MINUTE	50-150/MINUTE

Pendant l'hibernation, les processus vitaux du muscardin sont ralentis pour économiser l'énergie. Les pulsations cardiaques et le rythme respiratoire s'abaissent très fortement, ainsi que la production de déchets corporels. La température interne tombe presque au niveau de celle de son environnement, de sorte qu'il est froid au toucher. Il semble mort mais son organisme n'est pas totalement inactif. Une partie du cerveau reste en activité et déclenche un mécanisme de survie si l'animal se trouve en danger de gel, brûlant alors de la graisse corporelle pour produire de la chaleur.

DES SIESTES DE QUELQUES MINUTES

16 HEURES PAR JOUR

20 HEURES PAR JOUR

▲ LE SOMMEIL DE LA GIRAFE

Les siestes quotidiennes économisent l'énergie et reposent l'organisme de l'animal fatigué. En matière de sommeil, les mammifères ont des besoins différents, qui dépendent en partie de leur régime alimentaire. Les végétaux étant assez peu nourrissants, les grands herbivores comme les girafes doivent passer le plus clair de leur temps à manger. Elles ne dorment que par tranches de quelques minutes d'affilée.

▲ LE REPOS DES LIONS

Le régime alimentaire de prédateurs comme les lions est riche en protéines et en énergie. Ces carnivores n'ont besoin de s'alimenter qu'une ou deux fois par semaine et, entre chaque repas, ils passent beaucoup de temps à se reposer. C'est un repos très détendu car, à part l'homme, ils n'ont guère d'ennemi à redouter et peuvent se permettre de dormir bien plus profondément que leurs proies. Si toutefois on les dérange, ils sont sur pied d'un bond.

▲ LA GRANDE FATIGUE DES PARESSEUX

Dans les forêts pluviales d'Amérique du Sud, les paresseux passent leur vie suspendus dans les arbres. Consommant les feuilles, ils ne se fatiguent guère à rechercher leur nourriture, contrairement à bon nombre d'herbivores. Mais il s'agit d'un régime peu nourrissant et long à digérer. Les paresseux économisent leur énergie en se déplaçant lentement et en passant 20 heures par jour à dormir.

Hibernation

▼ UN LONG SOMMEIL HIVERNAL

Dans les habitats nordiques où règne le froid, l'ours brun passe les mois d'hiver en état de torpeur dans sa tanière, parfois six mois d'affilée. Les scientifiques, cependant, ne le considèrent pas comme un vrai hibernant car ses fonctions vitales ralentissent peu. Bien que son rythme cardiaque se réduise à 10 battements par minute, sa température interne ne s'abaisse que de un degré et l'animal peut se réveiller facilement.

LE RÉVEIL ▶

Au printemps, les fonctions vitales de l'hibernant reprennent leur activité normale. Le rythme de la respiration et des battements cardiaques s'accélère, l'organisme recommence à consommer de l'énergie et l'animal sort de sa léthargie. Chez certains hibernants, ce réveil a lieu à période fixe, même en cas d'hiver doux. Ainsi, la marmotte commune américaine ci-contre, est connue pour se réveiller tous les ans en février pratiquement à la même date.

CEUX QUI RESTENT ACTIFS ▶

En montagne, les marmottes vivent dans les éboulis qui se forment au pied des pentes raides et passent les mois d'hiver en hibernation. En revanche, les pikas d'Amérique du Nord, qui occupent sensiblement les mêmes habitats, restent actifs toute l'année. Ils survivent aux rudes conditions hivernales en entassant des végétaux pendant l'été. Ces stocks sèchent pour se transformer l'hiver en foin nourrissant quand toute autre nourriture se fait rare.

L'HOMME ET LES MAMMIFÈRES

Il y a 20 000 ans, tous les mammifères étaient complètement sauvages. L'homme les chassait et, parfois, était lui-même chassé par les prédateurs. Mais il y a environ 10 000 ans, la situation commença à changer. L'homme découvrit qu'il était possible d'apprivoiser certains animaux tels que les chiens, les bovins, les moutons et les chevaux à différentes fins. En contrôlant leur reproduction, il créa petit à petit les premières races domestiquées. De nos jours, les mammifères domestiques jouent un grand rôle dans notre vie. Nous les élevons pour leur lait, leur viande, leur laine et, dans de nombreuses régions du monde, ils servent encore pour le transport et le trait. Ils sont également présents dans le sport ainsi que dans nos maisons comme animaux de compagnie.

Le maître est considéré par les chiens comme le chef de meute.

@ ►►
Animal domestique

▲ LES CHIENS DE CHASSE
Ce bas-relief antique provenant du Moyen-Orient montre un groupe d'Assyriens partant à la chasse avec une meute de chiens. Descendants des loups, les chiens furent probablement les premiers mammifères à être domestiqués, il y a environ 10 000 ans. D'ailleurs, comme les loups, ce sont des animaux sociaux qui ont besoin d'un chef de meute et reconnaissent facilement à leur maître ce rôle dominant. C'est ce qui facilita leur domestication. Mais les instincts naturels persistent et l'homme en tire également profit : quand un étranger approche de leur territoire, ils peuvent réagir de façon agressive, tout comme les loups.

▲ LA TRACTION ANIMALE
Autrefois, les agriculteurs du monde entier se servaient des animaux pour labourer les champs. Cette illustration européenne du XIᵉ siècle montre deux bœufs tirant une charrue en bois. Ce sont des mammifères puissants mais lents, moins performants que les chevaux, qui sont capables de travailler plus longtemps sans se reposer. En Asie du Sud-Est, ce sont encore aujourd'hui les buffles qui tirent la charrue. En effet, la traction animale est toujours employée dans les pays pauvres mais elle est de plus en plus souvent remplacée par le tracteur.

▲ UNE CARAVANE DANS LE DÉSERT
Attachés en file indienne, ces chameaux de Bactriane parcourent la route de la soie, une voie commerciale très ancienne traversant toute l'Asie. Les chameaux servent de moyen de transport pour l'homme et ses marchandises et celui-ci consomme également leur viande, leur lait et utilise leur laine. S'ils ne sont pas aussi rapides que les chevaux, ils peuvent voyager sans eau, ni nourriture pendant plusieurs jours. Il faut distinguer le chameau de Bactriane, originaire d'Asie centrale, qui possède deux bosses, du dromadaire d'Afrique et du Moyen-Orient, qui n'en a qu'une. Seul le premier existe encore à l'état sauvage.

◄ LES ANIMAUX ET LE SPORT

Depuis des siècles, l'homme fait courir les chevaux mais aujourd'hui, les courses hippiques sont devenues une activité drainant beaucoup de spectateurs et d'argent dans le monde entier. Les chevaux de compétition sont élevés pour être vigoureux et rapides. Pour gagner, ils ont besoin d'un entraînement spécial et de soins adaptés. Parmi les autres animaux que l'on fait courir, on peut citer les dromadaires et plusieurs races de chien, notamment les lévriers. Les chevaux et les éléphants peuvent aussi être entraînés pour les sports d'équipe comme le polo.

DES ANIMAUX DE TRAIT LOURD ►

Les éléphants sont les plus grands des mammifères domestiqués, mais aussi les plus intelligents. Dans le sud de l'Asie, cela fait des siècles qu'ils servent au transport des hommes et des charges lourdes. Ils sont généralement employés par les forestiers mais certains figurent aussi dans les cérémonies et sont alors richement caparaçonnés. Les éléphants d'Afrique aussi peuvent être domestiqués. Ceux qu'Hannibal avait enrôlés dans la guerre punique, vers 218 av. J.-C., terrorisèrent les soldats romains qui combattaient à pied. Cependant, à la différence de leurs cousins asiatiques, on ne connaît pas aujourd'hui d'éléphants d'Afrique qui travaillent.

▲ UNE QUESTION D'ÉLEVAGE

Côte à côte, ce lévrier irlandais et ce teckel à poil dur semblent appartenir à des espèces différentes. Mais comme tous les chiens, ils descendent du même ancêtre : le loup gris. Au cours des siècles, l'homme a sélectionné les chiens en fonction de diverses caractéristiques, en aboutissant à la création de plus de 400 races différentes. Le lévrier irlandais était élevé à l'origine pour sa taille et sa vitesse afin de chasser le loup, le teckel à poil dur pour ses capacités à la chasse sous terre.

LES MAMMIFÈRES ET LA SCIENCE

En 1996, les scientifiques annoncèrent la naissance de Dolly, la première brebis clonée. Le clonage, qui permet de créer des copies exactes d'êtres vivants, pourrait révolutionner l'élevage, voire la vie de l'homme. Mais les animaux clonés ne vivent pas très longtemps et le clonage pose des problèmes d'ordre éthique qui soulèvent la controverse. En recherche, les mammifères sont utilisés à d'autres fins, en particulier pour tester de nouveaux médicaments ; une pratique qui, encore pour des raisons éthiques, rencontre de nombreux opposants.

LA PRÉSERVATION DES ESPÈCES

Dans le monde agité d'aujourd'hui, de nombreux mammifères sauvages luttent pour survivre. Certains sont victimes de la chasse illégale tandis que d'autres sont touchés par la déforestation et autres atteintes à leurs milieux. Plus d'un cinquième des espèces de mammifères de la planète est en danger et cette proportion va s'accroître dans les années à venir à cause du réchauffement climatique et de l'augmentation de la population humaine. C'est la raison pour laquelle des organismes s'activent dans le monde entier pour protéger et préserver les espèces dont certaines ont été sauvées *in extremis* de l'extinction.

▲ DES ORPHELINS DÉSEMPARÉS

En Asie du Sud-Est, les orangs-outans sont confrontés à une double menace : la forêt où ils vivent est abattue et on les attrape pour les vendre comme animaux de compagnie. Dans cet orphelinat pour orangs-outans de l'île de Bornéo, les jeunes singes récupérés sont élevés de façon à pouvoir être relâchés dans la nature. La tâche est complexe car il faut leur apprendre à se débrouiller seuls et ne pas dépendre des hommes pour se nourrir.

L'ÉCOTOURISME ▶

Au large des côtes de la Nouvelle-Angleterre, ces touristes observent l'un des spectacles les plus impressionnants du monde animal : une baleine à bosse adulte. Jusqu'au début des années 1980, les baleines étaient traquées dans tous les océans mais aujourd'hui la chasse industrielle est interdite. Dans certaines régions du monde, l'observation des cétacés est devenue une attraction touristique qui permet de récolter des fonds pour les protéger. Dans l'avenir, l'écotourisme – tourisme reposant sur le contact avec la nature – pourrait venir au secours d'autres mammifères en danger.

Les touristes peuvent aujourd'hui profiter du spectacle des baleines dans leur milieu naturel.

RETOUR À LA NATURE

LE CHEVAL DE PRZEWALSKI

Ces chevaux sauvages survécurent jusqu'aux années 1960 dans leur milieu naturel des prairies de Mongolie mais, le nombre d'individus sauvages ne cessant de diminuer, ils finirent par disparaître totalement. L'élevage en captivité permit d'atteindre 1 000 têtes et deux unités de reproduction ont pu démarrer en Mongolie en 1992.

LE CERF DU PÈRE DAVID

Ce cervidé de Chine disparut à l'état sauvage en 1939. Heureusement, le Père David, missionnaire français, avait déjà envoyé des sujets en Europe, qui avaient pu se reproduire. L'espèce fut réintroduite en Chine à la fin des années 1980 et on projette maintenant de les réacclimater dans la nature à l'état sauvage.

L'ORYX D'ARABIE

Cette antilope du désert fut chassée jusqu'à sa disparition. Au cours des années 1950, des troupeaux constitués à partir d'individus captifs furent établis au Moyen-Orient, aux États-Unis et en Europe. Aujourd'hui, il existe plus de 2 000 oryx captifs et plus de 500 vivant à l'état sauvage dans l'État d'Oman et en Jordanie.

DAUNTY V

Défenses d'éléphant rassemblées pour être brûlées

▲ DES MESURES CONTRE LE BRACONNAGE

En juillet 1989, Richard Leakey, directeur des réserves naturelles du Kenya, organisa un grand bûcher pour brûler des défenses d'éléphant saisies chez des braconniers et dont l'ivoire aurait été vendu illégalement pour la somme de 3 millions de dollars au minimum. Ce coup d'éclat fit la une des grands journaux internationaux et attira l'attention du public sur le tort causé à l'éléphant d'Afrique par le commerce de l'ivoire. Aujourd'hui, il est interdit mais malheureusement, malgré les patrouilles armées qui surveillent les parcs nationaux, le braconnage continue.

DES ESPÈCES EN DANGER

LE TAMARIN LION DORÉ

Avec sa fourrure couleur de feu, ce singe de la taille d'un écureuil est l'un des primates d'Amérique du Sud les plus menacés. Vivant dans la forêt brésilienne près de l'Atlantique, la surface de son habitat s'est réduite de plus de 90 % pour céder la place à l'agriculture et au développement des villes. Aujourd'hui, il ne reste plus que 1000 individus vivants, dont la moitié en captivité, où on les élève dans le but de les relâcher par la suite.

LES LAMANTINS

Les lamantins vivent le long du littoral et dans les estuaires des rivières sur la côte orientale de l'Amérique et la côte occidentale de l'Afrique, se nourrissant de plantes aquatiques. Les bateaux représentent un danger pour ces animaux indolents et les adultes présentent souvent des cicatrices profondes dues aux hélices. Les lamantins sont classés vulnérables, ce qui signifie que le risque d'extinction à l'état sauvage est bien réel.

UN ZÈBRE RESSUSCITÉ

Grâce aux dernières technologies et techniques d'élevage, il est envisageable de faire revivre des mammifères disparus. Cela n'a pas encore été réalisé à ce jour mais les scientifiques s'en sont approchés par leurs travaux sur le zèbre couagga. Cette sous-espèce du zèbre des plaines vivait en Afrique du Sud et fut exterminée par la chasse. Le dernier représentant disparut en 1883. Aujourd'hui, les éleveurs tentent de faire renaître le zèbre couagga en sélectionnant des zèbres des plaines qui possèdent les mêmes caractéristiques que lui, et en particulier, ses rayures noires et brunes. À l'avenir, l'ADN provenant d'animaux morts depuis longtemps pourrait servir à «ressusciter» des mammifères du passé. Mais pour faire revivre une espèce, il faudrait également recréer son habitat et son mode de vie, ce qui semble difficile à réaliser dans le monde actuel.

LA CLASSIFICATION DES MAMMIFÈRES

Sous-classe Protothériens *Mammifères ovipares*

Ordre	Nom vernaculaire	Familles	Espèces	Répartition	Principales caractéristiques
Monotrèmes	Échidnés, ornithorynque	2	5	Australie et Nouvelle-Guinée	Les seuls mammifères ovipares de la planète. Quatre espèces terrestres, les échidnés, possèdent de courtes pattes, un long museau et sont couverts de piquants. La cinquième espèce, l'ornithorynque, semi-aquatique, possède un corps hydrodynamique, des pattes palmées et un bec ressemblant à celui des canards.

Infraclasse MÉTATHÉRIENS *Marsupiaux*

Didelphimorphes	Opossums	1	78	Amérique du Nord et du Sud	Les marsupiaux américains les plus répandus, que l'on trouve jusqu'au Canada. Les opossums vivent principalement dans les forêts et régions boisées. Une espèce, le yapok, est le seul marsupial vivant dans l'eau.
Paucituberculés	Caenolestidés	1	6	Amérique du Sud	Ressemblent à des musaraignes. Présents dans les Andes. Consomment des insectes et autres petits animaux comme les vraies musaraignes. Mauvaise vue, mais vibrisses sensibles et excellent sens de l'odorat.
Microbiothériens	Monito del monte	1	1	Chili	Marsupial ressemblant à une souris, au museau court, aux grands yeux et à l'épaisse queue préhensile. C'est le seul survivant d'un ordre jadis plus vaste.
Dasyuromorphes	Martre marsupiale, diable de Tasmanie, et espèces proches	2	71	Australie et Nouvelle-Guinée	Groupe diversifié de marsupiaux carnivores comprenant les martres marsupiales, antechinus, numbats et diable de Tasmanie, etc. Habitats variés ; chassent la nuit.
Notoryctémorphes	Taupes marsupiales	1	2	Australie	Marsupiaux fouisseurs ressemblant étrangement aux vraies taupes. Ils vivent dans les terrains sableux et se nourrissent d'insectes et de petits reptiles.
Péramélémorphes	Bandicoots	2	22	Australie et Nouvelle-Guinée	Marsupiaux ressemblant à des rats ; corps effilé, museau pointu, longue queue. Occupent des habitats variés, des déserts aux forêts ; carnivores et herbivores.
Diprotodontes	Kangourous et espèces apparentées	8	136	Australie, Nouvelle-Guinée et îles voisines	Groupe de marsupiaux le plus important et le plus diversifié, comprenant les kangourous, wallabys, koalas, wombats et espèces planeuses, couscous et phalangers. La plupart sont herbivores ; grande poche ventrale.

Infraclasse EUTHÉRIENS *Mammifères placentaires*

Carnivores	Félins, chiens, ours, loutres et belettes, etc.	11	283	Mondiale, excepté l'Antarctique. Introduits en Australie	Mammifères pourvus de dents ayant évolué pour capturer des proies et couper la viande. La plupart sont des prédateurs mais cet ordre comprend aussi des espèces omnivores tels les ours et ratons-laveurs.
Pinnipèdes	Phoques, otaries et morses	3	34	Mondiale	Mammifères marins à corps fuselé et membres évolués en nageoires, apparentés aux carnivores terrestres, se reposant et se reproduisant à terre.
Cétacés	Baleines, baleines à bec, dauphins et marsouins	11	83	Mondiale	Mammifères marins totalement adaptés à la vie aquatique, possédant des narines sur le dessus de la tête et une seule paire de membres évolués en nageoires. Les cétacés à dents, prédateurs, chassent des proies de grande taille. Les cétacés à fanons filtrent le plancton.
Siréniens	Dugong lamantins	2	4	Côtes et rivières tropicales	Mammifères passant leur vie dans l'eau et se nourrissant de plantes aquatiques. Ils possèdent un gros museau, une seule paire de nageoires et une queue horizontale.
Primates	Singes, loris, galagos, lémuriens	10	372	Mondiale dans les zones tropicales et subtropicales, excepté l'Australie	Mammifères à longs membres et yeux orientés vers l'avant, aux doigts et orteils ayant évolué pour grimper aux arbres. Régime alimentaire omnivore, phytophage, ou à dominante insectivore.
Scandentiens	Toupaies	1	19	Asie du Sud et du Sud-Est	Petits mammifères ressemblant à des écureuils ; museau pointu, queue touffue. Les toupaies sont aussi à l'aise dans les arbres qu'au sol et se nourrissent principalement d'insectes qu'ils attrapent et tiennent dans leurs mains.

Ordre	Nom vernaculaire	Familles	Espèces	Répartition	Principales caractéristiques
Dermoptères	Galéopithèques	1	2	Asie du Sud-Est	Mammifères phytophages qui planent entre les arbres grâce à leurs membranes de peau élastique. Ils peuvent planer sur plus de 50 m. Lorsqu'ils se posent sur un arbre, leurs membranes se replient sur les côtés.
Proboscidiens	Éléphants	1	3	Afrique, sous-continent Indien et Asie du Sud-Est	Les plus gros des mammifères terrestres ; pattes en forme de pilier, grandes oreilles, longue trompe préhensile. Herbivores, ils se servent de leur trompe et parfois aussi de leurs défenses pour ramasser la nourriture. Les éléphants africains de savane et de forêt ont été récemment reconnus comme deux espèces séparées.
Hyracoïdes	Damans	1	6	Afrique et Moyen-Orient	Mammifères au corps compact évoquant des rongeurs, aux orteils gros et courts et aux petites oreilles. Bons grimpeurs, ils vivent soit en forêt, soit dans les rochers. Très sociaux, ils passent leur vie en groupes familiaux.
Tubulidentés	Oryctérope	1	1	Afrique subsaharienne	Mammifère de grande taille, vivant dans les savanes et les forêts claires, dont la morphologie rappelle celle du porc, aux longues oreilles et au long museau carré. Nocturne, il se nourrit de fourmis et de termites.
Périssodactyles	Ongulés à nombre de doigts impair	3	20	Afrique, Asie, Amérique tropicale	Mammifères herbivores possédant un ou trois doigts aux pieds. Cet ordre comprend les chevaux, les zèbres, les ânes ainsi que les tapirs et les rhinocéros.
Artiodactyles	Ongulés à nombre de doigts pair	10	228	Mondiale excepté l'Antarctique. Introduits en Australie	Ordre de mammifères herbivores possédant deux ou quatre doigts aux pieds, regroupant les hippopotames, porcs, chameaux et dromadaires, cervidés et aussi les bovidés (bovins, antilopes, chèvres et moutons). La plupart vivent en troupeaux et comptent sur leurs sens aiguisés et leur rapidité pour échapper aux prédateurs.
Rongeurs	Rats, souris, campagnols, écureuils, castor, etc.	24	2 105	Mondiale excepté l'Antarctique. Introduits en Australie	Le plus vaste ordre de mammifères. En général de petite taille, les rongeurs possèdent des incisives acérées pour ronger les végétaux et autres matériaux. Beaucoup d'espèces sont très prolifiques, d'autres très menacées.
Lagomorphes	Lapins, lièvres, et pikas	2	83	Mondiale excepté l'Antarctique. Introduits en Australie	Herbivores proches des rongeurs, pourvus de longues oreilles et d'une bonne vision panoramique permettant de repérer les prédateurs. Lièvres et lapins vivent dans les endroits dégagés : toundra, prairies et déserts.
Macroscélides	Rats à trompe	1	15	Afrique	Animaux évoquant des musaraignes, à longues pattes et museau pointu à l'allure de trompe miniature. Occupent les savanes et zones forestières et se déplacent par bonds.
Insectivores	Musaraignes, taupes, hérissons, solénodons	6	451	Mondiale excepté l'Australie et l'Antarctique	Petits mammifères au museau étroit se nourrissant d'insectes, vers de terre et autres petits animaux. Ils possèdent une dentition acérée adaptée à leur régime.
Chiroptères	Chauves-souris	18	1 033	Mondiale excepté l'Antarctique	Mammifères volants dont les ailes sont des membranes de peau. Les renards volants, de grande taille, ont une bonne vue et se nourrissent surtout de fruits. Les autres mangent des insectes, qu'il chasse par écholocalisation. Souvent sociables, ils choisissent les grottes et les arbres creux comme dortoirs et lieux de reproduction.
Xénarthres	Fourmiliers, paresseux et tatous	5	31	Amérique du Nord et du Sud, Afrique, Asie du Sud-Est	Mammifères dont la colonne vertébrale présente des articulations particulières, adaptées, à l'origine au fouissage. Les xénarthres actuels comprennent les tatous dont le corps est recouvert de plaques cornées et les paresseux qui passent leur temps dans les arbres.
Pholidotes	Pangolins	1	7	Afrique subsaharienne et Asie du Sud-Est	Mammifères recouverts d'écailles, à la queue préhensile, au long museau et à la langue gluante. Les pangolins se nourrissent principalement de fourmis et de termites Dont ils éventrent les nids à l'aide de leurs griffes puissantes.

GLOSSAIRE

Abdomen Partie du corps des mammifères qui renferme tous les organes sauf le cœur et les poumons.

Adaptation Faculté d'un organisme vivant à se plier aux exigences de son environnement, et donc d'y survivre.

Amphibie Qualifie un animal capable de se déplacer avec aisance sur terre comme dans l'eau.

Aquatique Qualifie un animal vivant dans l'eau.

Arboricole Qualifie un animal vivant dans les arbres.

Artiodactyle Ongulé possédant un nombre pair de doigts aux pieds, par exemple le porc, la chèvre, la vache et le cerf.

Bipède Mammifère se déplaçant sur deux membres.

Bois Excroissance osseuse située sur la tête d'un cervidé, qui tombe et repousse tous les ans.

Brachiation Mode de locomotion utilisé par les primates pour progresser dans les arbres suspendus aux branches en se balançant alternativement d'un bras sur l'autre.

Camouflage Phénomène, fréquent chez les animaux, consistant à imiter les couleurs et/ou les motifs de l'environnement, permettant de s'y tenir sans être immédiatement repérable par la vision.

Canine Dent pointue située en avant de la mâchoire chez de nombreux mammifères, servant à percer et à saisir la nourriture.

Canopée Dans les forêts, strate de végétation constituée par la masse principale du feuillage des grands arbres.

Carnivore Mammifère de l'ordre des carnivores. Désigne aussi tout animal se nourrissant principalement de viande.

Cellule Unité de matière vivante d'échelle microscopique enfermée dans une membrane. Le corps d'un mammifère contient des milliards de cellules, ayant des formes et des structures différentes selon leurs rôles dans l'organisme.

Cellulose Substance dure qui forme la paroi des cellules des végétaux. Les mammifères ne la digèrent pas.

Charognard Mammifère ou autre animal qui se nourrit des restes d'animaux morts.

Classe Dans la classification scientifique, grand groupe d'animaux qui comprend un ou plusieurs ordres.

Classification Système d'identification et de regroupement des êtres vivants en fonction de leurs analogies. La classification scientifique traduit la façon dont les groupes d'animaux ont évolué et sont apparentés.

Cordon ombilical Dans l'utérus, organe qui relie le fœtus du mammifère au placenta abondamment irrigué par le sang.

Dent carnassière Type de prémolaire présent sur les mâchoires supérieure et inférieure chez les carnivores, ayant une action de cisaille servant à découper la chair et l'os.

Diurne Se dit d'un animal qui est actif pendant la journée et se repose la nuit.

Dortoir Lieu de repos d'un animal volant. Les chauves-souris et les oiseaux ont des dortoirs.

Écholocalisation Méthode de localisation par émission d'ultrasons et analyse des échos en retour, permettant d'obtenir une «image sonore» de l'environnement. Le radar, mis au point par l'homme, repose sur le même principe. Les chauves-souris et les dauphins s'orientent dans leur milieu et localisent leurs proies par écholocalisation.

Espèce Ensemble d'êtres vivants capables de se reproduire entre eux et dont les descendants ne sont pas stériles. L'espèce constitue l'unité de base de la classification des êtres vivants.

Estivation État de sommeil profond qui permet à certains mammifères de supporter la sécheresse ou la grande chaleur. Les échidnés et les sousliks d'Europe sont des mammifères qui peuvent estiver.

Euthériens Mammifères placentaires.

Évent Nom donné aux orifices respiratoires (narine) des cétacés, situés sur le dessus de la tête. Certaines espèces ont un évent unique, d'autres ont un évent double.

Évolution Ensemble des lents changements qui se produisent chez les êtres vivants depuis leur apparition sur Terre, afin de s'adapter aux modifications de leur environnement. L'évolution n'est pas détectable à l'échelle de la vie d'un individu mais sur de nombreuses générations.

Extinction Disparition totale de tous les représentants d'une espèce.

Famille Dans la classification scientifique, groupe d'organismes étroitement apparentés.

Fanon Lame cornée au bord frangé de poils, qui garnit la bouche des cétacés mysticètes, servant à filtrer le krill et les petits poissons se trouvant dans l'eau.

Feuillu Arbre perdant ses feuilles chaque automne et qui développe un nouveau feuillage au printemps suivant.

Fœtus Petit du mammifère en cours de développement dans l'utérus.

Fossile Trace laissée dans la roche par un organisme ayant vécu il y a plus de 10 000 ans. Les fossiles comprennent des restes d'animaux et de végétaux, des empreintes de pas et même des déjections.

Gestation Période comprise entre l'accouplement et la naissance, durant laquelle les petits mammifères se développent dans l'utérus de leur mère.

Glande Organe fabriquant certaines substances, notamment les hormones, ayant une action spécifique.

Glandes mammaires Chez les femelles des mammifères, organes fabriquant le lait qui sert à nourrir les petits et qui se trouvent sur la poitrine ou sur l'abdomen.

Herbivore Animal se nourrissant de végétaux.

Hibernation État de sommeil profond accompagné d'un ralentissement important des fonctions vitales, permettant à certains mammifères de survivre à la saison froide. Lors de la véritable hibernation, la température du corps baisse, les rythmes cardiaque et pulmonaire ralentissent considérablement et il est difficile de réveiller le mammifère.

Homéotherme Animal dont l'organisme génère de la chaleur et maintient sa température interne au-dessus de la température externe. Les mammifères et les oiseaux sont homéothermes.

Hormone Substance chimique circulant dans le sang d'un mammifère et régulant certains processus corporels. Les hormones sont fabriquées par les glandes.

Incisive Dent située à l'avant des mâchoires servant à mordre, à ronger mais aussi pour la toilette.

Incubation Chez les animaux ovipares (monotrèmes chez les mammifères), période pendant laquelle la mère réchauffe l'œuf de la chaleur de son corps.

Infrason Son trop grave (dont la fréquence est trop basse) pour pouvoir être perçu par l'oreille humaine.

Insectivore Ordre de mammifères se nourrissant d'insectes. Qualifie aussi le régime des mammifères d'autres ordres se nourrissant d'insectes.

Irruption Migration inopinée entreprise par des mammifères comme les lemmings, en réponse à des conditions difficiles ou au surpeuplement.

Kératine Protéine résistante constituant les poils, les ongles et les cornes des mammifères.

Lard Couche de graisse située sous la peau de nombreux mammifères vivant sous des climats froids, faisant office d'isolant. Les mammifères marins tels que les baleines et les phoques, ainsi que les ours polaires, possèdent une épaisse couche de lard.

Métathériens Marsupiaux.

Migration Voyage saisonnier entrepris à période fixe par certains mammifères (ex. caribous, gnous, baleines). Les animaux migrent pour éviter des conditions climatiques difficiles, allant vers des régions plus favorables pour trouver de la nourriture et/ou se reproduire et élever leurs petits.

Moelle épinière Nerf principal du corps des vertébrés, situé à l'intérieur de la colonne vertébrale, qui relie le cerveau aux nerfs plus fins irradiant tout l'organisme.

Molaire Dent située en arrière de la mâchoire dont la fonction est de broyer la nourriture pour la réduire en pulpe.

Nageoire Membre élargi en forme de rame servant à se propulser ou à se diriger dans l'eau.

Nectar Liquide sucré produit par les fleurs dont se nourrissent certains mammifères.

Nerf Faisceau de fibres nerveuses qui transmet les messages vers le cerveau et en provenance de celui-ci. Les nerfs interviennent dans la coordination des mouvements et la collecte d'informations par les organes sensoriels.

Nocturne Se dit d'un mammifère ou autre animal qui se repose pendant la journée et qui est actif la nuit.

Omnivore Animal qui consomme une nourriture variée comprenant des végétaux et de la chair animale.

Opportuniste Animal capable de varier ses habitudes alimentaires en fonction de la nourriture disponible.

Ordre Niveau de la classification des êtres vivants regroupant une ou plusieurs familles proches. Les animaux d'un même ordre présentent, dans les grandes lignes, une morphologie similaire, même si leur aspect et leurs modes de vie sont très différents.

Ovaire Chez les mammifères, partie du système reproducteur des femelles qui fabrique les ovules.

Ovipare Qualifie un animal dont les petits viennent au monde sous la forme d'œufs, qui doivent incuber un certain temps avant d'éclore, tels les oiseaux. Chez les mammifères, seuls les monotrèmes sont ovipares.

Parasite Organisme vivant sur ou dans un autre organisme, appelé hôte, et dont il se nourrit.

Périssodactyle Ongulé possédant un nombre impair de doigts aux pieds, par exemple le cheval.

Phylum Dans la classification scientifique, grand groupe d'animaux faisant partie d'un règne et qui comprend une ou plusieurs classes.

Placenta Organe temporaire se développant à l'intérieur de l'utérus des femelles afin de nourrir le petit pendant la gestation.

Plancton Végétaux et animaux microscopiques qui dérivent dans les océans et les eaux douces et nourrissent de nombreux animaux, y compris certains mammifères marins.

Poils de garde Longs poils épais de la fourrure de nombreux mammifères qui les protègent des intempéries.

Portée Groupe de petits nés ensemble.

Prédateur Animal qui chasse et tue d'autres animaux pour s'en nourrir.

Préhensile Qualifie un organe capable de saisir. La queue de certains singes et la trompe des éléphants sont préhensiles.

Proie Animal chassé par un autre pour être mangé.

Protothériens Monotrèmes.

Quadrupède Animal se déplaçant sur quatre membres.

Règne En classification, premier et plus grand des ensembles d'êtres vivants. Ceux-ci se répartissent en cinq règnes : animaux, végétaux, champignons, protistes (animaux unicellulaires à noyau), monères (bactéries).

Régurgiter Faire revenir dans la bouche depuis l'estomac la nourriture partiellement digérée soit pour la rejeter afin d'approvisionner des jeunes animaux, soit pour la remastiquer dans le cas des ruminants.

Ruminant Mammifère ongulé (artiodactyle) dont l'estomac constitué de plusieurs poches renferme des bactéries capables de digérer la cellulose des végétaux.

Savane Prairie tropicale.

Sélection naturelle Processus par lequel s'effectue l'évolution des êtres vivants. Les animaux les mieux adaptés à leur environnement sont plus susceptibles de survivre et de se reproduire. Au fil du temps, les caractéristiques les plus favorables deviennent par conséquent plus répandues parmi les groupes d'animaux qui peu à peu, changent d'aspect et forment de nouvelles espèces.

Social Qualifie un mammifère ou autre animal qui vit avec ses semblables, formant un groupe dans lequel chaque individu coopère au bien-être de l'ensemble de la communauté.

Strate En écologie, nom donné aux différents niveaux de la répartition verticale de la végétation.

Strate intermédiaire Dans une forêt ou une zone boisée, étage de végétation situé entre la canopée et les strates de végétation basse.

Taïga Large ceinture de forêts de conifères située dans la zone septentrionale de l'hémisphère Nord.

Tapetum lucidum Couche réfléchissante située à l'arrière de l'œil chez bon nombre de mammifères nocturnes. Elle leur permet de voir dans l'obscurité en amplifiant, dans l'œil, le niveau de la lumière ambiante.

Territoire Zone qu'un mammifère ou un ensemble de mammifères utilise pour se nourrir et pour se reproduire et qui est défendu contre l'intrusion des autres individus de la même espèce.

Thorax Partie supérieure du tronc située au-dessus de l'abdomen. Il est protégé par la cage thoracique et renferme les organes vitaux que sont le cœur et les poumons.

Tissu Ensemble de cellules qui, au sein d'un organisme, remplissent la même fonction.

Torpeur Chez certains mammifères, état d'inactivité ressemblant au sommeil dans lequel les fonctions vitales se ralentissent pour économiser l'énergie, par exemple en hiver, mais dont ils peuvent sortir rapidement. De nombreuses chauves-souris se placent en état de torpeur pendant la journée.

Toundra Dans l'Arctique, vaste région de prairie située au nord de la taïga, dont la végétation est composée de graminées, de lichens et de rares arbres nains. Le sol de la toundra est gelé l'hiver en surface, et en permanence en profondeur.

Ultrason Son trop aigu (dont la fréquence est trop haute) pour être perçu par l'oreille humaine.

Utérus Chez les femelles des mammifères, organe où le fœtus se développe pendant la période de la gestation. Lors de la naissance, le petit sort de l'utérus complètement formé.

Vertébré Animal pourvu d'un squelette interne, et donc d'une colonne vertébrale. Mammifères, oiseaux, poissons, reptiles et amphibiens sont tous des vertébrés.

Vision binoculaire Vision d'un animal dont les deux yeux sont dirigés vers l'avant et dont les champs de vision se superposent. Elle produit une image en relief qui permet aux mammifères qui en disposent, comme les primates, de bien apprécier les profondeurs et les distances.

INDEX